Bona nit
i bona sort

Joaquim Valls

Bona nit i bona sort

Com atreure la fortuna mentre dorms

Pròleg de Josef Ajram

SINERGIA
VIENA
EDICIONS

Primera edició: juny de 2011

c/Tuset 13 – 08006 Barcelona
viena@vienaeditorial.com
www.vienaeditorial.com
Edició i producció: Aibana Productora Editorial SL
c/Villarroel, 220-222 entòl. D - 08036 Barcelona
www.aibanaedit.com
ISBN: 978-84-8330-651-2
Dipòsit legal: B-21.084-2011
Imprès a Gráficas Rey

Índex

Al meu pare,
perquè des de petit m'ha guanyat sempre als escacs,
al dòmino i a les cartes.
Ell creu que és talent, però jo sé que tan sols és sort.

I a la meva dona,
perquè ja que he estat desafortunat en el joc,
en canvi he aconseguit tenir sort en l'amor.

I. Pròleg

No puc evitar confessar-vos la sorpresa després que en Quim Valls, l'autor d'aquest fantàstic llibre, em demanés escriure el pròleg. Jo, escriure un pròleg? Un nano que entre dos-cents alumnes va ser l'únic a suspendre la selectivitat està escrivint el pròleg d'un llibre que pot ajudar moltes persones a trobar un camí cap a una vida millor? Doncs es veu que sí, i possiblement estic escrivint aquestes línies perquè en el seu moment vaig buscar la sort.

L'any 1996 quan vaig suspendre la selectivitat vaig entendre perfectament la diferència entre *fracàs* i *sort*. Vaig entendre que jo no estava disposat a fracassar mai, que aquesta sensació que vaig fer que sentissin els meus pares no tornaria a succeir. Em vaig posar a treballar de valent, vaig aprovar la selectivitat i vaig sortir del forat en el qual havia estat immers aquells tres mesos. Però el millor encara estava per arribar: sabia què volia dir sortir d'un forat però encara no sabia què volia dir tenir sort.

Vaig començar a estudiar administració i direcció d'empreses amb l'esperança d'adquirir el màxim coneixement possible per dur a terme el meu somni laboral: treballar als mercats financers. El cert, però, és que la meva desil·lusió va ser molt gran quan passaven les setmanes i veia que allí no aprendria res del que jo creia que em portaria un ampli coneixement per a la meva carrera cap als mercats borsaris. Així doncs, vaig anar a cercar la meva sort: vaig trencar amb el conformisme, volia sortir d'aquell espiral que no em duia enlloc i vaig decidir desenvolupar allò que jo pensava que sabia fer bé. Vaig deixar els estudis de banda i vaig anar cada dia a la borsa de Barcelona a mirar, a aprendre, a intentar treballar amb dinou anys i amb un currículum que el màxim que destacava eren feines com a repartidor de telepizza, i això, en un dels mons més idealitzats. Doncs bé, si alguna cosa he après al llarg de la vida és que, si desenvolupes el teu talent, trenques amb el conformisme i lluites pel teu objectiu, llavors la sort apareix. En el meu cas la sort va aparèixer en forma d'oportunitat laboral: després d'anar durant mesos i dia rere dia de nou del matí fins a les cinc de la tarda a la borsa, se'm va apropar el responsable d'una agència de valors i em va preguntar: «Ei, nano, què hi fas tu aquí?». Jo li vaig contestar clar i català: «Vull treballar aquí, i si calgués fins i tot ho faria de franc». Ja es pot imaginar el lector la cara de sorpresa que va posar aquell senyor que em va donar una oportunitat laboral en la seva agència de valors.

El que he après és que la sort no ve a casa mentre estàs mirant la televisió; la sort existeix, però l'has de seduir. Sempre hi ha dues maneres de veure les coses: en positiu o en negatiu. Imagineu-vos que estem en una de les competicions en les quals jo participo i queden 20 km per acabar la prova. Una persona positiva diria: «Solament queden 20 km»; una persona negativa diria: «Encara queden 20 km». És la mateixa frase canviant una paraula o, dit altrament, una mateixa frase canviant la forma de veure la vida.

Ja siguis optimista o bé negatiu, cal que lluitis per veure les coses de manera positiva, sedueixis la sort i llavors, aquest cop d'atzar que tan inexplicable és, apareixerà en la teva vida.

Per aconseguir un objectiu el primer que cal és creure-hi. Quan haig de córrer 84 km a Hawai a 35 graus i 80% d'humitat, el primer que em cal és creure que puc córrer aquesta distància perquè, per molt que hagi entrenat, si no crec en mi, no ho aconseguiré pas. El mateix has de fer tu amb la teva vida, les teves motivacions i ambicions: lluitar per elles però abans que res, creure-hi.

Estic convençut que, després de la lectura que us espera tot seguit, trobareu les eines necessàries per encarrilar aquest camí cap a la sort.

Bona lectura i bona sort.

JOSEF AJRAM

II. Avui és sempre encara

Ningú no pot tornar enrere i començar alguna cosa de bell nou,
però tots podem començar avui i crear un nou futur.
SALLY FIELD

Un pagès va perdre el cavall que utilitzava per a les feines del camp i que, aparentment, s'havia escapat cap a les muntanyes. Quan els veïns se'n van assabentar, el van anar a veure.

—Quina mala sort —deien.

I el vell pagès responia:

—Mala sort, bona sort, vés a saber...

Pocs dies després va tornar el cavall, que venia acompanyat per altres cavalls més.

Llavors, els veïns, admirats, deien:

—Renoi! Quina bona sort que has tingut!

I el pagès repetia:

—Bona sort, mala sort, vés a saber...

Uns dies després el fill del pagès va intentar domar un d'aquells cavalls, va caure al terra i es va trencar la cama.

Un altre cop, els veïns el van visitar i en veure el jove enllitat, deien:

—Renoi!, quina mala sort!

No obstant això, el pagès tornava a repetir:

—Bona sort, mala sort, vés a saber...

L'endemà va arribar l'exèrcit i es va endur tots els joves que hi havia al poble i que estiguessin en condicions de combatre. Van deixar, però, el fill del pagès, que estava immobilitzat amb la cama trencada.

El pagès, mentre veia els soldats allunyant-se, pensava en veu alta:

—Bona sort, mala sort, vés a saber...

Aquesta coneguda historia del vell pagès d'un remot poblet de la Xina ens pot servir per il·lustrar el punt de partida del llibre que ara tens a les mans: la sort no rau en les diverses coses que li passen a una persona, perquè les circumstàncies que avui ens semblen desfavorables, l'endemà poden ser positives; la sort és en l'estructura psíquica de què disposen alguns éssers humans i que ens permet veure oportunitats en fets com ara una coincidència fortuïta, un accident, o fins i tot en un succés aparentment perjudicial. La fortuna somriu als qui tenen una personalitat capaç de transformar llimona en llimonada i que actuen proactivament i amb perseverança per generar les condicions que els són propícies.

Avui, primer aniversari de la tràgica mort de Michael Jackson, començo a escriure aquest llibre. Podem dir que la vida d'aquest cantant va ser afortunada? És evident que va vendre milions de discos i que va guanyar centenars de milers de dòlars; va aconseguir la fama i va ser el número u en el seu gènere. Sí, però...

En el meu anterior llibre *Buenos días y buena letra* vaig intentar evidenciar que tot allò que assolim en la vida està bàsicament condicionat per les nostres estructures psíquiques. Llavors, deia als lectors que la bona notícia és que encara que un 50% del que anomenem «personalitat» està genèticament determinat (temperament), la resta —és a dir, l'altre 50%, que no és poc— és après, i per tant és susceptible de ser transformat en un caràcter ideal.

Després de descobrir que les persones de vida plena presenten unes característiques comunes (proactivitat, perseverança, autoconcepte idoni, optimisme, autogestió emocional, empatia, extraversió, paciència i gratitud) i que, a més, aquestes característiques es poden desenvolupar en només uns nou mesos mitjançant el MÈTODE KIMMON® de grafotransformació que he ideat, em vaig plantejar si les persones que anomenem «persones amb sort» són homes i dones als qui l'atzar els somriu per casualitat, o si bé són alguns aspectes de la seva personalitat els que els predisposen a ser afortunats en la vida.

Aquest cop, la meva ambició tampoc no és poca cosa: després de la gran acollida que han tingut el meu llibre anterior, *Buenos días y buena letra,* els seminaris de «Com transformar l'escriptura per millorar la vida», on explico el MÈTODE KIMMON® per desenvolupar la intel·ligència emocional i construir-se una psicologia positiva, i l'espai radiofònic *Bona lletra i bona vida,*[1] i després de les moltíssimes conferències

1. Espai de l'emissora RAC 1 que s'emet el primer diumenge de cada mes dins del programa *Via lliure* de Marta Cailà.

que he donat, ara, el meu objectiu consisteix a ensenyar a tenir sort en el mínim temps possible i amb el menor esforç. Però, això sí i un cop més, sense falses dreceres ni remeis miraculosos.

Algunes persones, després de respondre el TEST KIMMON® de psicografologia positiva,[2] m'han enviat correus electrònics en què m'expliquen la seva preocupació: «He tret una nota molt baixa en el test, sóc un desastre, tinc algun tipus d'esperança vital?». A tots ells els responc sempre el mateix: «Haver obtingut una baixa qualificació en el TEST KIMMON® és una magnífica notícia: estàs força lluny del potencial que pots arribar a assolir i això vol dir que tens una enorme possibilitat de millorar i de desenvolupar-te personalment». A tall d'exemple als lectors que m'escriuen els explico l'anècdota de Miquel Àngel, el genial artista del Renaixement: davant les moltes felicitacions que rebia per l'excepcional escultura que havia fet a partir d'un simple bloc de marbre, ell els responia que, en realitat, l'únic que havia fet era buidar del bloc de marbre les parts que sobraven perquè, de fet, l'escultura ja era a dins del mateix marbre abans que ell fes res. De la mateixa manera que el marbre de Miquel Àngel, el millor jo que hi ha a dins de cadascú de nosaltres ja hi és, i aquest jo és el major potencial possible, i el nostre autodesenvolupament consisteix, precisament, a aconseguir el màxim d'aquest potencial.

Bona nit i bona sort és el resultat d'una extensa investigació que, com en el cas de *Buenos días y buena letra,* he dut a terme consultant una amplíssima bibliografia, i és, a més, un llibre que no pretén ser una obra d'autoajuda com n'hi

2. El test es pot trobar a *Buenos días y buena letra* escrit pel mateix autor d'aquest llibre.

ha tantes i tantes, sinó un autèntic manual pràctic per explicar-te que, a través d'exercicis grafotransformadors, i d'altres tècniques científicament demostrades, una persona normal i corrent com tu i com jo pot crear la seva pròpia sort.

L'estructura del llibre ha estat pensada perquè resulti un text enormement pràctic. Per això, aquest cop, en aquest nou llibre no hi trobaràs els aspectes teoricocientífics del meu mètode, atès que el lector interessat ja els pot trobar en el títol *Buenos días y buena letra.* En aquest llibre, per tant, el lector es pot concentrar en els exercicis que fan possible que en un termini d'uns sis mesos pugui desenvolupar una personalitat afortunada amb nocturnitat i amb premeditació ja que són exercicis que es fan bàsicament a la nit per introduir-se a traïció en la nostra ment subconscient.

Intueixo que, al final del camí, quedarà demostrat que allò que de vegades anomenem «gent de bona sort» està molt relacionat amb persones d'ànim extravertit i optimista que cerquen un somni guiant-se amb un full de ruta perfectament traçat, un camí existencial que sap conjuntar els seus talents amb els seus valors. Perquè, com deia Dale Carnegie, la **vida plena** consisteix a aconseguir el que es vol (**èxit**), estimant el que es va aconseguint (**felicitat**).

A les teves mans, benvolgut lector, hi tens un petit talismà, un llibre la lectura del qual pot canviar la sort de la teva vida actual per una existència de major benestar i èxit tant personal com professional. Un manual d'instruccions que t'ensenyarà de forma realista, entretinguda i fàcil com pots implementar la teva vida i arribar a ser una persona enormement afortunada. No creguis, però, que és massa tard, perquè com va dir bellament Antonio Machado: «Hoy es siempre todavía».

III. Set consells per llegir aquest llibre

La veritable professió de l'home
consisteix a trobar el camí cap a ell mateix.
HERMAN HESSE

La idea d'escriure aquest llibre és antiga. Fa gairebé onze anys vaig convidar el meu amic i admirat Paco Flores a donar una conferència a un nodrit grup d'empresaris de la petita i mitjana empresa de la comarca del Vallès Occidental, sobre com gestionar persones basant-se en les tècniques dels entrenadors professionals de futbol. La conferència es va celebrar a l'Escola Universitària de Negocis de Caixa Terrassa, on aleshores jo exercia de responsable de l'Àrea d'Economia. En Paco acabava de guanyar la Copa del Rei amb el Reial Club Deportiu Espanyol i d'ell m'atreien (a banda de la seva enorme humanitat) dues coses: l'estructura gairebé matemàtica que dibuixen els seus equips en el camp; i que al món de la pilota és considerat un míster amb «flor al cul», la qual cosa en l'argot esportiu equival a dir que és un tipus amb sort.

Recordo que en la breu presentació que vaig fer d'ell, vaig llançar la idea que seria interessant que es creés un «seminari per atreure la sort en els negocis», perquè jo llavors ja tenia el convenciment que la fortuna que s'atribueix a algunes persones, entre elles al meu amic Paco, no depèn de l'atzar o de la providència, sinó d'un seguit de virtuts psicològiques, siguin innates o bé adquirides, que predisposen a fer assequibles les fites i els objectius que per a la resta dels mortals són impossibles.

Recordo també l'escepticisme amb què aquells homes i dones de negocis van acollir el meu incipient projecte, i fins i tot recordo que el director de l'Escola Universitària, el meu admirat i estimadíssim Jordi Balcells, va fer broma sobre el possible seminari: «Un curs així, amic Joaquim», em va dir llavors, «no tindria preu».

Però jo sóc dur de pelar; em desanimo molt poques vegades i gairebé mai no defalleixo. I, sobretot, estudio, estudio i, si em queda una mica de temps, estudio.

I vet aquí, onze anys després, el llibre de text del seminari «Com atreure la sort a la teva vida i als negocis», que he creat després d'una exhaustiva investigació, i que ja he començat a impartir amb èxit.

I atès que *Bona nit i bona sort* aspira a ser el manual d'instruccions perquè atreguis fortuna a la teva vida i als teus negocis, només li podràs treure profit si t'hi apropes amb el ferm i innegociable propòsit d'aprendre. Per això i per la meva deformació professional de vell professor, m'he permès de proposar-te set consells per tal que aquesta lectura et sigui veritablement profitosa:

1. ***Bona nit i bona sort* és un llibre de text** i, per tant, no es llegeix sinó que s'estudia. No és cert que a l'ésser humà se li faci pesat aprendre. Des que naixem tots som aprenents continus i som éssers dotats d'una curiositat infinita. En tot cas, el que no ens agrada és fer colzes i haver-nos d'estudiar pesats manuals indigeribles. D'acord, fem un tracte: jo et prometo explicacions senzilles i amenes i tu et compromets a seguir les meves directrius. Durant l'ascensió al port de muntanya del coneixement, que és el que et proposo, jo faré el paper del ciclista que al llarg de tot el trajecte anirà davant teu: et protegiré del vent i et marcaré un ritme còmode i alhora vencedor. Però, com solen fer els corredors *co-équipiers,* quan siguem a pocs quilòmetres de l'arribada, m'enretiraré, i llavors hauràs de ser tu i només tu qui acabi la cursa i escrigui al seu palmarès el lloc aconseguit en el moment de passar per sota la pancarta de meta.

2. **Llegeix un capítol i no passis al següent fins no hagis resolt els exercicis pràctics** que se't proposen al final del capítol que acabes de llegir. Recorda el que va dir Robin S. Sharma, l'autor de *best sellers* internacionals: «Allò que t'enriqueix no és pas el que tu treus dels llibres sinó que, al final, allò que canviarà la teva vida és el que els llibres aconsegueixin treure de tu».

3. **A persones que són importants per a tu, parla'ls de *Bona nit i bona sort*** i del que la seva lectura t'està descobrint. Oi que recordes molt millor les pel·lícules que has vist al cinema que no pas les classes (de vegades avorrides) de l'escola o de la universitat? La diferència fonamental és que quan surties de la sala del cinema solies comentar la

pel·li amb els teus amics o amb la teva parella mentre passejàveu fins al cotxe o fins a un bar de copes; en canvi, quan sorties de classe, a tu i als teus companys només us venia de gust canviar de tema. Sòcrates impartia els seus ensenyaments als deixebles tot passejant i dialogant pels jardins i no era pas per casualitat: caminar i repetir en veu alta els coneixements adquirits és, com han esbrinat els neuròlegs, una excel·lent manera de reforçar la memòria i l'aprenentatge.

4. **Posa en pràctica en la teva vida diària tot allò que vas aprenent**. A conduir se n'aprèn conduint, no pas assegut davant la pissarra de l'autoescola. Sobresortim en allò que practiquem reiteradament. El nostre cervell té un zip natural que comprimeix els coneixements adquirits fins que ocupen un percentatge molt petit de la seva matèria grisa, sempre que repetim moltes vegades allò que hem estudiat. Per això, només després d'haver fet centenars i centenars de quilòmetres al volant, podem conduir el cotxe i, alhora, escoltar el nostre programa preferit de ràdio, fins i tot si som homes.

5. **Subratlla les idees que et semblin més suggeridores** i just abans de anar-te'n al llit, copia-les a mà en un dietari. Segur que algun cop ja deus haver sentit allò que diuen en castellà de «Lección dormida, lección sabida», i és que és del tot cert: les nostres neurones estableixen una major quantitat de connexions sinàptiques durant el son que no pas en estat de vigília; quan som al llit, el nostre cervell suspèn moltes de les funcions que durant el dia són essencials per a la nostra supervivència (com ara estar pendents

que no ens atropelli un cotxe en una cruïlla) i aprofita aquest estalvi d'energia per reforçar i reorganitzar la memòria. Per això he titulat aquest llibre *Bona nit i bona sort*, perquè atreguis la fortuna a la teva vida i als teus negocis mentre la teva ment descansa.

6. **Després de llegir aquest llibre llegeix *Buenos días y buena letra*** d'un tal Joaquim Valls, que et proposa canviar la teva lletra per millorar la teva vida. Milers de lectors acrediten que el seu mètode funciona. Ara que ja pots atreure sort a la teva vida no deixis passar l'ocasió d'aconseguir també que, a més de tenir sort, la teva existència sigui més plena de benestar i d'èxit. I si ja l'has llegit, llavors compra't la biografia d'algú que admiris perquè la vida de la gent important és molt inspiradora, i et permetrà reconèixer i recordar la majoria (o fins i tot la totalitat) de les tècniques per crear fortuna, que has après en aquest llibre i que estan implícites en la seva trajectòria personal. A mesura que vagis descobrint aquestes tècniques, assenyala la pàgina corresponent i fes alguna anotació que et serveixi de referència.

7. Finalment, però no per això menys important, **si *Bona nit i bona sort* t'ha agradat, recomana'l als teus amics**; i si no t'ha agradat, recomana'l als teus enemics.

Primera part

IV. Les set claus de la bona sort

Si no hagués estat per la mala sort, mai no hauria tingut sort.

Eric Clapton

1.

SEGUEIX EL CAMÍ DE LA TEVA BRÚIXOLA INTERIOR

El futur pertany als qui creuen en la bellesa dels seus somnis.
ELEANOR ROOSVELT

En el seu iniciàtic llibre *La brúixola interior*, Àlex Rovira, l'economista que ha esdevingut extraordinari escriptor i conferenciant, convida els lectors a respondre's la següent qüestió: «Per a què vivim?» i Rovira assenyala amb gran encert que «Donar una resposta ferma, simple i serena a aquesta pregunta és una cosa que només pot fer cadascú de nosaltres per a ell mateix [...]. Perquè cadascú pot donar a la seva vida un significat, una finalitat, la que sigui, però una: la solidaritat, el coneixement, la saviesa, la caritat, el plaer, la bellesa, el poder econòmic, el poder fàctic, la transcendència, la il·luminació...».

D'alguna manera, tots naixem nàufrags en el mar de l'existència, i és responsabilitat nostra aprendre a ser navegants, perquè ens hi juguem la vida. Per sort, tots tenim, si més no, una brúixola inconscient, que es troba a l'interior del cos i que somàticament ens avisa cada vegada que ens allunyem del nostre rumb triat i ens ho fa saber mitjançant el mal d'estómac o de cervicals; és a dir, l'angoixa o l'ansietat. El que ara et proposo és fer que aquesta brúixola deixi de ser inconscient i que la puguis utilitzar com a quadern de bitàcola en el teu camí per aquest món.

El gran filòsof i escriptor José Antonio Marina en l'eloqüent article titulat «La metàfora del navegant» (inclòs al llibre *Cómo lograr una vida plena*), reporta una imatge que és ben recurrent en les seves obres: «Navegar és la gran metàfora del viure intel·ligent. Un bon timoner sap navegar contra vent, aprofitant a favor seu les forces que estan en contra; enganya el vent fent que empenyi el vaixell cap a on el vent no vol. Això és navegar a sobrevent, plantant cara al vent enfurismat, que és el que tard o d'hora tots hem de fer. Navegar és una victòria de la voluntat sobre el determinisme [...], l'ésser humà es veu llançat a les aigües de la vida, i en elles braceja per surar. I, a partir d'aquestes circumstàncies l'home ha de construir la seva pròpia nau per sortir de la situació. Aprendre a navegar és la gran saviesa».

No transgredeixis els teus valors

Què et sembla si quan no vols, dius que no; quan et fa mal, ho deixes;
quan necessites demanar, ho demanes; quan vols donar, li dónes;
i quan vols plorar o cridar, deixes que surti el que portes dins?
Què et sembla si quan vols comunicar-te, t'obres?
I quan estàs content, rius!
Què et sembla si et quedes aquí i ara, l'única cosa real,
on hi ha tant que no requereix ni del passat ni del futur?
Què et sembla si et dónes a la teva essència i et deixes Ser veritable?

DR. CLAUDIO CASAS

La saviesa consisteix a conèixer la nostra brúixola interior i a caminar cap a on ella ens indiqui, però en *ziga-zaga* perquè els vents, les circumstàncies, probablement ens impediran de fer-ho en línia recta. I el nostre aprenentatge ha de dirigir-se a reconèixer els valors que ens guien, viure segons aquests valors, i, sobretot, no transgredir-los, perquè les persones només podem experimentar la vida plena si assimilem en la seva personalitat tots uns principis bàsics.

Jo em considero una persona realitzada però no me'n vanto. Només sento un profund agraïment cap a la providència. Tinc la immensa sort de fer allò que m'agrada i d'estimar allò que faig: em llevo cada matí delerós per gaudir del dia que se'm presenta al davant, i és veritablement molt poc freqüent que al vespre m'alliti pensant que el dia no ha estat profitós o que l'he malgastat.

No sóc pas ric, però he aconseguit guanyar-me la vida i ho he assolit dedicant-me a les meves dues grans passions: aprendre i comunicar-me, de manera que «estudiar per als altres» i transmetre'ls els meus coneixements adquirits o pensats per mi mateix i fer-ho a través de classes, conferències, seminaris, llibres i assessoraments personals s'ha convertit en el meu *modus vivendi* i en la meva missió personal. I m'enorgulleix enormement haver-ho pogut fer sense transgredir mai els valors que em serveixen de codi ètic interior...

L'any 1993 vaig ser soci fundador d'una coneguda escola universitària privada de Barcelona: tenia el 20% de les accions i amb tan sols trentatres anys veia satisfet un dels meus grans somnis, que era participar en la creació d'un centre d'ensenyament superior. Va ser un èxit d'alumnes, gràcies sobretot a l'excel·lent tasca d'un joveníssim i brillant director acadèmic que amb els anys crec que ha arribat a ser-ne el director general.

No obstant això, em vaig adonar ben aviat que els valors de la resta dels meus socis no coincidien plenament amb els meus: per ells aconseguir beneficis era prioritari; per mi, sense menysprear els guanys, per damunt de tot hi havia la qualitat de l'ensenyament. I no crec, en contra del que suposen molts, que els guanys i la qualitat siguin objectius incompatibles, si més no, a llarg termini. Així doncs, vaig intentar convencèr-los que l'excel·lència en la docència és la garantia tant de l'èxit acadèmic com de l'èxit econòmic. Malgrat tot, però, no ho vaig aconseguir.

Vaig vendre les meves accions i vaig marxar, bo i renunciant a uns ingressos veritablement alts, però no em vaig apartar ni un mil·límetre del meu nord. No em penedeixo de la meva decisió, tot i que tampoc no discuteixo l'ordre de proritats dels meus exsocis.

La gent amb sort planegen el seu destí, es pregunten i reflexionen sobre els valors que vénen imposats per l'entorn i es concentren a dibuixar el seu propi nord. No actuen com rebels sense causa, però tampoc no accepten sense més ni més les convencions. Són honestes amb elles mateixes i són lleials als seus principis. Seguint l'extraordinari psicòleg nordamericà Abraham Maslow, precursor en alguns aspectes de la moderna psicologia positiva, podem dir que aquests individus afortunats primer es concentren a ser bones persones i a tenir un fort sentit d'identitat i, immediatament després, esperen que totes les forces del món es converteixin en eines per als seus propòsits.

El teu propi quadern de bitàcola

En la vida, per escollir bé has de contactar amb la teva ànima.
Per això, cal experimentar la solitud
ja que és en el silenci on sentiràs la veritat
i sabràs quines són les solucions.
DEEPAK CHOPRA

En la seva excel·lent obra *El llibre negre de l'emprenedor*, l'economista i escriptor Fernando Trías de Bes, coautor del *best seller La bona sort*, en inventariar els errors clàssics que cometen els qui inicien un projecte empresarial, assenyala que el fet d'associar-se amb altres persones és el pitjor de tots i aconsella societats del tipus Me & Me, SL. No seré pas jo qui el contradigui: he participat en diverses empreses i tant si eren una SA com si eren una SL o bé una SCP, el seu final sempre va ser causat per les discrepàncies entre els propietaris. Això, però, si haig de ser sincer, no ha estat pas un impediment perquè aquestes empreses fossin rendibles mentre van existir, i fins i tot rendibles durant períodes llargs de temps.

Sigui com sigui, Trías de Bes recomana que, si associar-se resulta inevitable, abans de fer-ho es reflexioni seriosament sobre els futurs *partners* i s'esbrini fins a quin punt comparteixen els mateixos valors ja que, si no fos així, caldria cercar altres socis però no pas aquests amb els qui no es coincideix plenament en aquest important aspecte.

En els meus seminaris insisteixo sempre en aquest punt com també gairebé sempre explico que allò que en la meva vida he fet de més gran i més important, la meva filla Marta, hauria estat del tot impossible precisament si no m'hagués «associat» amb la meva dona. Alhora, emfasitzo també que en un matrimoni és essencial que marit i muller comparteixin uns mateixos valors pel que fa a aspectes tan importants com l'educació dels fills, l'oci, la feina, l'administració dels diners, etc. Tant és així que si els membres d'una parella tenen brúixoles interiors amb una orientació marcadament diferent, llavors, difícilment podran fer un camí plegats i gairebé sempre divergiran en els seus objectius vitals, la qual cosa farà que, tard o d'hora, desemboquin en la separació.

Quantes persones han acceptat una feina tot i que eren conscients que no estaven preparades per desenvolupar-la? Quantes l'han acceptada creient fins i tot que aquella no era la feina de la seva vida però l'han acceptada simplement perquè satisfeia les seves expectatives econòmiques? Si, malgrat tot, aquestes persones aconsegueixen fer bé la feina i consolidar-se en aquest lloc de treball, a la llarga els arribarà el desànim i el dubte que produeix fer una feina que no agrada i, molt probablement, aquesta situació els durà a patir estrès o fins i tot ansietat.

Ara fa uns anys, a través d'un *head hunter*, em va arribar una de les ofertes més temptadores que podien fer-me en aquell moment de la meva vida: dirigir una prestigiosa escola molt propera a casa meva. És un dels meus somnis actuals perquè estic convençut que es pot augmentar i que, de fet, cal augmentar la qualitat de l'ensenyament que reben els nens i nenes adolescents del nostre país, i aquest repte avui dia m'atreu enormement. A la fase final del procés de selecció vam quedar dos candidats. Cadascú de nosaltres havia de tenir una entrevista amb la cooperativa de pares, la propietària del centre. Recordo que vaig dedicar només un deu per cent de la reunió a explicar el que jo considerava que sabia fer (dirigeixo centres educatius des dels vint-i-tres anys) i la resta la vaig dedicar a aclarir-los tot el que no sabia fer: no volia pas que s'equivoquessin amb mi atès que un currículum més o menys brillant pot generar en la part contractant unes expectatives infundades que, en no complir-se, poden conduir al desengany. Finalment, van decidir triar l'altre candidat. Millor que fos així.

De vegades és necessari renunciar a un somni si el fet de veure'l acomplert suposa no ser honest amb un mateix i amb els altres, perquè en cas contrari pot convertir-se en un malson per a tothom.

És interessant observar que la realització personal, és a dir, l'íntima satisfacció amb allò que hem arribat a ser i que podriem anomenar benestar, només es produeix si les fites aconseguides estan en la mateixa línia que els nostres principis més profunds: integritat, honestedat, solidaritat... En efecte, hi ha persones tan pobres tan pobres que només tenen diners, ja que la seva fortuna econòmica es basa en l'explotació d'éssers humans i en l'egoisme; entenen el món com un joc de suma zero, on per guanyar ells, han de perdre els altres; basen la seva riquesa en l'apropiació de fons comuns, en lloc de generar valor cooperativament i tot seguit redistribuir-lo.

La sort, la veritable sort, consisteix a aconseguir l'èxit, en el sentit que ja hem esmentat abans, és a dir, fer allò que s'estima i estimar allò que es fa, però sense trair els valors que constitueixen les fibres del nostre veritable ésser.

En paraules de l'extraordinari escriptor Mario Alonso Puig en el seu excel·lent llibre *Vivir es un asunto urgente*: «Els valors que guien la nostra existència els veuen els altres no per allò que diem, sinó per com actuem, ja que, al cap i a la fi, la nostra vida és el nostre missatge. El fet de decidir què és valuós per nosaltres ens porta a descobrir allò que per nosaltres és prioritari i ens dóna fortalesa per saber dir "no" a alguna cosa que, sense ser valuosa ni prioritària ens demana temps i, a més, fa que ens oblidem de tot allò que paradoxalment donaria el veritable sentit a les nostres vides».

La brúixola interior serveix per marcar la direcció cap a la qual hem d'adreçar la nostra existència si desitgem aconseguir la realització personal; a més, la brúixola interior ens assenyala també les línies vermelles que mai no hem de creuar en el nostre camí quotidià si no volem trair aquells valors íntims que ens donen l'equilibri imprescindible per aconseguir el benestar. Si no tenim clar el nostre nord personal i intransferible, és impossible construir-nos una existència afortunada i plena.

Imaginem-nos ara algú per qui el valor suprem fos la família; aquest algú, pensant en el benestar dels seus, ha decidit comprar una bonica casa, ben situada i amb un munt de metres quadrats, però resulta que per poder fer avinent cada mes l'import de la hipoteca viu esclavitzat i treballa de sol a sol. Gairebé mai no veu la seva parella ni els seus fills, i és extremament infeliç. L'acidesa d'estómac està malmetent el benestar d'aquesta persona, que es considera molt desafortunada. El que ha succeït és ben clar: aquesta persona s'ha confós i ha pensat més en el benestar material de la seva família que no pas en allò que potser era més important: passar més temps amb els seus; així, sense voler-ho, ha engendrat mala sort.

Xavier Guix, gran comunicador, autor prolífic i col·laborador meu en l'apassionant projecte «Escola de vida: viu els llibres», en la seva obra *El sentit de la vida o la vida sentida,* dóna un savi consell a tots els qui vulguin arribar a atreure la bona sort: «No has de buscar el sentit de la vida, has d'escriure el sentit de la teva vida». En efecte, en el teu camí per arribar a ser una persona afortunada no tan sols és molt recomanable que visualitzis els teus principis, sinó que, a més, és molt important que posis negre sobre blanc aquests principis en un full que sempre hauries de tenir al teu abast i que serà el teu quadern de bitàcola que et guiarà quan naveguis pels mars més o menys tempestuosos de la teva quotidianeïtat.

I, finalment, mai no oblidis allò que va dir l'escriptor i orador en matèria filosòfica i espiritual Jiddu Krishnamurti: «Quan diguis "Això és el que desitjo fer i ho intentaré fer", trobaràs que s'esdevé alguna cosa miraculosa. Pot ser que hagis de passar gana i moltes dificultats per sobreviure, però seràs un ésser humà valuós, no una simple còpia, i aquest és el miracle».

DIETARI DE BONA NIT I BONA SORT[3]

Adquireix un paquet de fulls din A-4 i una carpeta per poder-los arxivar. Imprimeix-te la «Plantilla de l'optimisme moderat» de <www.kimmon.es>, i plastifica-la. Aquesta nit, agafa un full i el fixes a la plantilla plastificada (o sense plastificar, si no has tingut temps de fer-ho) amb quatre clips en els extrems, i t'obligues a escriure seguint la pauta referida als marges i la situació de les línies a la pàgina. Gràcies a aquesta pauta estaràs enviant a la teva ment un missatge subliminal de benestar, positivitat i control emocional excepcionals, i sense gairebé esforç, just abans de ficar-te al llit.

Sembla màgic, però en realitat és totalment científic.

EXERCICI 1

Dissenya la teva brúixola interior[4]

Quan s'han definit de forma clara i concreta els propis valors és més fàcil construir-se una personalitat afortunada, perquè els valors són la clau per viure amb intel·ligència.

Agafa el kit d'escriptura i un bolígraf. Busca un lloc tranquil i íntim i contesta a la següent pregunta amb la major sinceritat possible ara que ningú et veu, i sense perdre de vista la mena de persona que vols arribar a ser o com t'agradaria ser recordat:

3. Al web <www.kimmon.es> hi trobaràs la portada del teu dietari i te la pots descarregar de franc.
4. Abans de fer els exercicis que t'aniré proposant al llarg del llibre, et prego que miris de somriure amb la major sinceritat possible. Aquests exercicis no són un examen ni tan sols es tracta de deures que hagis de fer, però sí que, com més relaxat estiguis quan els facis, més útils et seran.

Quin és el valor més important en la meva vida?

Després, escriu alguna cosa que et faci sentir bé. Però no ho escriguis per quedar bé; tampoc no posis un objectiu, com per exemple guanyar més diners, anar més al gimnàs o començar una dieta; busca el valor subjacent que hi ha darrere d'aquestes activitats que desitges començar. Per exemple, disposar de més diners pot comportar una major llibertat; fer esport o menjar de manera equilibrada impliquen una millora en la salut.

Exemples d'autèntics valors podrien ser els ja esmentats valors de llibertat o salut, però també integritat, superació, seguretat, espiritualitat, solidaritat, generositat, família/matrimoni, bondat, prudència, humilitat, justícia, caritat, compassió, fortalesa, coratge, amistat, diversió/emoció, esperança, alegria, carrera personal, amor, poder, intel·ligència/coneixement...

Si no distingeixes bé entre valors i objectius, recorda que els valors tenen a veure amb el verb *ser*, mentre que els objectius es relacionen amb els verbs *fer* o *haver de*. «Llegir més» o «fer-se un pla de pensions» són objectius; «ser culte» o «ser estalviador» són valors.

El meu primer valor és...

Ara reflexiona com si l'anterior valor ja el tinguessis satisfet, i qüestiona't quin és el teu segon valor:

El meu segon valor és...

I així successivament fins a completar la llista dels teus cinc valors més preuats en la vida:

El meu tercer valor és...

El meu quart valor és...

El meu cinquè valor és...

Per saber si has encertat has de plantejar-te una última qüestió: els valors que acabes d'escriure, responen a com t'agradaria ser recordat? Si la teva resposta és afirmativa, has donat en el clau, i ja pots passar al següent capítol.

Quan hagis acabat arxiva l'exercici en el teu Dietari de Bona nit i bona sort.

2.

DESCOBREIX EL TEU TALENT

Tots tenim un propòsit en la vida, un do singular
o un talent especial que podem donar als altres.
DEEPAK CHOPRA

En una enquesta duta a terme a principis d'aquest segle als EUA es va posar de manifest que només al voltant del 10% dels nord-americans treballaven en el que realment els agradava. Per la seva banda, l'any 2003 a Espanya un estudi fet entre estudiants universitaris va concloure que poc menys del 30% dels nois i noies estudiaven motivats per la carrera triada, mentre que un 60% la feien, simplement, perquè pensaven que d'aquesta manera accedirien a un lloc de treball més ben remunerat. En efecte, crec que avui dia tots els qui ens dediquem a l'ensenyament topem amb una veritable falta de vocacions: els nostres joves sovint ignoren cap a on dirigir els seus objectius per sentir-se plenament realitzats, desconeixen quina és l'ocupació que els complauria de debò, i es deixen atreure pel miratge dels llocs de treball segurs i còmodes, els famosos *nine to five*, o bé es llencen a fer les feines més ben pagades a curt termini.

Esbrinar què és el que una persona vol ser quan sigui gran no sempre és senzill i, en canvi, resulta que és essencial per poder trobar una activitat professional i fer-la amb passió i llibertat: les persones que s'ho passen bé treballant en aquelles tasques per a les quals estan més dotades tenen més possibilitats de seguir conreant les seves capacitats i habilitats i de progressar fent aquestes feines.

En el seu extraordinari llibre *Con ganas, ganas*, l'escriptor Santiago Álvarez de Mon diu que «tots, absolutament tots, tenim talents [però] el món és ple de talents que moren com si fossin assassinats pels seus mateixos propietaris». Si desitges arribar a ser una persona amb sort és imprescindible que descobreixis els teus dons, els teus talents, perquè, com assenyala Mihaly Csikszentmihalyi, adscrit a l'escola de la psicologia positiva, en la seva emblemàtica obra *Fluir: una psicología de la felicidad*, «els millors moments solen esdevenir-se quan el cos o la ment d'una persona han arribat fins al seu límit en un esforç voluntari per aconseguir alguna cosa difícil i que val la pena [...]. El concepte del flux, l'estat en el qual les persones es troben tan involucrades en l'activitat que gairebé sembla que no hi ha res més que els importi».

No obstant això, però, perviu encara la creença errònia segons la qual el millor espai que té una persona per créixer és aquell on toparà amb les seves majors limitacions o debilitats. Segons el meu parer, cada ésser humà posseeix uns talents intrínsecs, i el major potencial que té per desenvolupar-se rau en aquells camps on aquests dons es poden expressar millor; es tracta per tant de cercar i identificar els nostres punts forts, apostar decididament per ells i elevar-los fins on siguem capaços amb il·lusió i obstinació. A més, crec també que és fonamental esbrinar quins són els trets que ens diferencien dels altres i enfocar-nos-hi. En el seu llibre *Re-Invéntate*, Hernán Herrera i Daniel Brown adverteixen que «sovint, quan cerquem construir el camí cap als nostres somnis, no tenim en compte tot allò que ens fa ser únics, aquelles forces naturals que ens són pròpies». És per això que tots dos autors ens proposen que ens centrem en la «diferenciació» per situar-nos per damunt de la mitjana i és també per això que Herrera i Brown han posat al seu llibre un subtítol extremament aclaridor: «les teves diferències són les teves fortaleses».

Com ja he dit abans, un dels grans reptes de la vida és esbrinar l'autèntica vocació, allò que realment es vol ser quan se sigui gran. Doncs bé, per atreure la bona sort, cal que sàpigues què és el que et proporciona alegria i t'omple l'existència de significat i propòsit. Hi ha persones que són una meravella a l'hora de crear prosperitat per a ells mateixos; no tenen cap mena de problema per visualitzar el que desitgen i fer el que cal per aconseguir-ho; fins i tot pot passar que aquestes persones es comportin com si fossin addictes a la feina i per tant estan sempre concentrats a aconseguir els seus objectius amb urgència. Res no els pot aturar i la fortuna els visita sovint durant tot el procés. Llavors diem que aquestes persones estan en «flux».

Tres passes per definir el teu do

La veritable estratègia de la vida no és que et manquin fortaleses suficients; és arribar a utilitzar les que ja tens.
MARCUS BUCKINGHAM

Si un noi desconeix el que vol ser de gran, l'espera un futur poc clar, perquè aquell que no sap on va, el més probable és que no arribi enlloc. En aquest sentit, és extremament coneguda aquella frase de Sèneca que diu: «Si no saps cap a quin port navegues, cap vent no és bo». Per tant, si no descobrim la nostra vocació, és molt difícil que poguem aconseguir la vida plena perquè la felicitat ens «enxampa» gairebé sempre en gerundi, és a dir, realitzant activitats en les quals fluïm.

A *El poder del mito*, Joseph Campbell afirma que «la manera d'esbrinar què és el que et fa feliç és recordar els moments en què et vas sentir més feliç, no simplement alegre o eufòric, sinó profundament feliç. Què és el que et fa feliç? Persisteix en això que saps que et fa feliç i fes-ho al marge del que et digui la gent. En això consisteix perseguir la teva felicitat».

En les meves classes amb universitaris sovint els recomano que llegeixin un llibret molt amè: *Los tres pasos*, un relat imprescindible per definir la nostra passió. L'autor, Arnie Warren, presenta un protagonista de vint-i-set anys, Zaine, que desconeix què és allò que l'entusiasmaria fer; el seu pare li dóna deu mil dòlars perquè pugui deixar l'empresa familiar del sector tèxtil on ara treballa i vagi a cercar la seva missió vital. Zaine emprèn, doncs, el viatge iniciàtic i coneix Hawkins, un personatge que desprèn felicitat perquè ha aconseguit realitzar-se en la vida. Hawkins detecta que el problema de Zaine és que desconeix quin és el seu do natural i li explica que tothom té una cosa o una altra que sap fer bé i que, paradoxalment, és molt més fàcil que siguin els altres els qui s'adonin de què és allò que fem bé que no pas un mateix, ja que un mateix sempre pensa que una cosa que per a ell és tan senzilla no pot ser una habilitat. Per descobrir el seu propi do, Hawkins recomana a Zaine que retrocedeixi i cerqui en la seva biografia i descobreixi i esbrini aquells moments en què va xalar fent una activitat, és a dir, algun moment en què s'ho hagi pasat bé de debò fent alguna cosa, i que el temps se li hagi esvaït volant...

—Totes les persones —li diu Hawkins a Zaine— hauríem de recordar almenys tres episodis de la nostra vida en què féssim una activitat «flux», i hauriem de poder *accedir* al denominador comú d'aquestes activitats; és molt probable que allò que descobrim sigui el nostre do natural, allò que ens apassiona. Paga la pena que tots nosaltres dediquem el temps suficient a reconèixer-nos.

Zaine es posa a la feina i, en primer lloc, recorda el seu pas per la Marina:

—M'agradava reunir un grup de mariners per fer qualsevol tasca que ens haguessin encarregat. M'agradava formar part d'un equip.

En segon lloc Zaine recorda el temps en què va treballar a la fàbrica del seu pare, i s'adona que «allí em vaig inventar un programa d'incentius per als fabricants i talladors [...] perquè treballessin en equip».

Finalment, Zaine afirma que, sens dubte, el seu millor record és quan va aconseguir reunir als nois del barri per organitzar els seus propis Jocs Olímpics:

—Vaig organitzar tots els nens, en total havíem de ser uns quinze. Cadascú tenia una responsabilitat: fer banderes, els uniformes...

Com aquell que descobreix la sopa d'all, Hawkins conclou que el noi té «un do especial per a la gestió d'equips humans»:

—Zaine —li diu Hawkins— t'agrada organitzar i desenvolupar.

A continuació Zaine s'adona que a més d'identificar quin és el seu do o talent natural, ha d'**acceptar** que aquesta habilitat innata li atorga un avantatge comparatiu en la vida, encara que fins llavors i de manera inconscient ell mateix no li hagués donat cap valor a aquesta facilitat perquè, com li passa a tothom, estava acostumat a ponderar més allò que li resultava dificultós que no pas allò que feia de bon grat i sense esforç.

Per fi Zaine, de la mà de Hawkins, descobreix el tercer pas que ha de fer: **actuar**. Perquè les persones, un cop hem identificat el nostre do hem d'encaminar la nostra formació i la nostra activitat professional en la direcció que assenyali aquest do per tal d'harmonitzar les nostres capacitats amb la nostra vocació i el nostre *modus vivendi*.

Encara recordo que, quan vaig llegir aquest llibre, (jo devia tenir llavors uns quaranta anys), em vaig adonar que els moments més interessants de la meva infantesa els passava just en tornar de l'escola, quan explicava als pares tot allò que aquell dia havia après. Mai abans no ho havia pensat, això, i vaig entendre quin era el privilegi de la meva vida: haver-me dedicat des de molt jove a la meva gran passió, que és aprendre i comunicar allò que he après, cosa que feia i faig amb naturalitat i sense cap sacrifici. Així doncs, sóc un afortunat perquè he tingut la sort d'ajuntar el meu do amb la meva passió.

De petit els meus companys de classe ja em demanaven que els ajudés a fer els deures i que col·laborés amb ells en la preparació dels exàmens. Jo ho feia encantat, perquè per mi explicar el que havíem après era el més natural i el més divertit del món, i, a més, fer-ho em proporcionava una popularitat impròpia dels qui érem considerats «empollons», i d'aquells que, com jo, no destacàvem en cap esport d'equip.

Ara bé, res de tot això (ajudar els altres en els deures, fer-ho encantat i amb facilitat...) no era premeditat per part meva. Venim al món sense un manual d'instruccions sobre com fer amics, lligar o ser pares, i, no obstant això, del fet que sapiguem o no descobrir estratègies que ens permetin sobresortir en aquestes situacions en depèn que poguem tenir o no una existència feliç. En el meu cas, sense voler-ho, el meu do natural m'ajudava molt en la meva socialització: **vaig accedir-hi**.

No va ser fins que vaig arribar a la universitat que **vaig acceptar** de manera conscient que aprendre i ensenyar són habilitats que, a mi, m'oferien un avantatge comparatiu

De nou, un fet fortuït em va permetre posar en pràctica el meu do. Després de la convocatòria dels exàmens de juny vaig quedar amb el meu grup d'amics del barri per prendre un refresc. Recordo que un nano que cantava de meravella i que estudiava ciències empresarials va arribar tard i amb els ulls plorosos: s'havia retirat de l'examen de matemàtiques perquè li havia semblat inaccessible. Em vaig interessar pel que li havien preguntat i per sort el noi encara duia el full amb l'enunciat i me'l va ensenyar. De seguida em vaig adonar que jo estava capacitat per ajudar-lo durant l'estiu a superar la prova i, per tant, m'hi vaig oferir. Em va preguntar que quant li cobraria per les classes, i li vaig respondre que res de res; érem col·legues! Va protestar (ell treballava d'administratiu i tenia ingressos) i em va amenaçar de no acceptar la meva ajuda si no li cobrava, ja que a la seva facultat hi havia molts estudiants de ciències exactes o d'enginyeria que es guanyaven la vida fent classes particulars. Sense anar més lluny uns companys seus s'estaven pensant seriosament de contractar un d'aquests alumnes de cursos més avançats. Finalment, vam arribar un acord: jo seria aquest professor contractat pels seus companys i ell accedia a venir gratuïtament a les meves explicacions.

Vaig acabar la carrera i em vaig dedicar a ensenyar (**vaig actuar**) donant classes, creant i dirigint centres de formació, escrivint llibres, fent seminaris i conferències.

L'exercici que et proposo tot seguit és cabdal en el teu camí per arribar a ser una persona afortunada: pren-te'l amb calma i fes-lo amb tot el temps que necessitis i un cop l'hagis acabat recorda que, com va dir Sergio Bulat, en el seu llibre desmitificador de les obres d'autoajuda *¡Más de lo mismo!*, «la grandesa no s'aconsegueix per l'absència de debilitats, sinó per l'excel·lència de les virtuts».

DIETARI DE BONA NIT I BONA SORT

EXERCICI 2

Descobreix el teu talent

Reinventa't: descobreix els dons que et diferencien, que et fan únic, que et tornen valuós. Accepta'ls com a regals de la providència i actua en conseqüència.

Agafa el teu kit d'escriptura i un bolígraf, retira't a un lloc tranquil i íntim i fes el següent:

1r Divideix el full en dues columnes

— *En la primera columna* escriu-hi una llista de tres, quatre o cinc episodis de la teva vida en els quals hagis aconseguit fites o en els que simplement hagis estat feliç. Vas ser el millor en una prova d'atletisme? Van exposar un dibuix teu? Vas cuinar un pastís deliciós? Van llegir en públic la teva redacció?... Hauràs encertat en triar-los si, en escriure'ls a la columna corresponent, notes que et sents bé.

Ara reviu cadascun dels sentiments que vas experimentar en aquells moments: et vas sentir orgullós quan et van imposar la medalla? Et vas emocionar quan et van aplaudir en exposar el dibuix? Se't va posar la pell de gallina quan van llegir la teva redacció?...

— *En la segona columna* escriu-hi quina creus que és la teva característica personal que et va permetre aconseguir cadascun d'aquells èxits que vas assolir: va ser la teva perseverança, la teva intel·ligència, el teu físic, la teva habilitat manual, el teu poder de convicció o seducció?...

Ara compara el que has escrit en la segona columna al costat de cadascun dels teus cinc èxits de la primera columna: descobreix el denominador comú i tindràs davant mateix quin és el teu talent natural.

2n Parla'n amb persones properes

Ara parla amb persones que et coneguin bé (els teus pares, la teva parella, amics de tota la vida...) i pregunta'ls si ells ja havien advertit en tu que això que acabes de trobar és la teva característica o el teu do.

Amb aquest senzill exercici has pogut localitzar i identificar el teu talent natural. Ara accepa'l i actua en conseqüència.

Finalment, no t'oblidis d'arxivar aquest segon exercici en el teu «Dietari de *Bona nit i bona sort*».

3.

CONFIA EN LES TEVES QUALITATS

La confiança en un mateix
és el primer esglaó per ascendir per l'escala de l'èxit.
RALPH WALDO EMERSON

En el capítol anterior, si has fet l'exercici proposat, has descobert el teu talent natural, l'has acceptat i t'has convençut que, per atreure la bona sort a la teva vida, has d'actuar en la mateixa direcció que t'assenyala el teu do o talent natural. Per a això és molt important que confiïs en tu mateix i en el teu do.

A *Buenos días y buena letra* vaig afirmar que «la imatge que una persona té d'ella mateixa, la manera en què s'explica, condiciona el seu subconscient [...]. Per tant, l'autoconcepte determinarà la seva destinació». I, certament, tots els estudis científics ens diuen que les persones que atreuen la bona sort tenen una gran confiança en les seves possibilitats i en les seves capacitats.

T'has preguntat mai per què funcionen els amulets? Els objectes físics no comporten, de manera intrínseca, per ells mateixos, cap mena de sort especial, però sí que poden portar fortuna si un creu que duent l'amulet augmenten les seves possibilitats d'aconseguir un objectiu. Un amulet no tindrà cap influència en activitats que depenguin exclusivament de l'atzar, com ara guanyar en el bingo o que ens toqui la loteria, però sí que ens poden ser molt útils en un examen o en una conferència, sempre, però, que creguem clarament que amb ell milloren les nostres capacitats.

Els bons auguris funcionen d'una manera semblant tot i que el presumpte endeví no sigui més que un xerraire o un farsant, i és que en la mesura que un creu en l'endeví, llavors la seva predicció favorable pot convertir-se en una profecia d'autocompliment. D'aquesta mateixa manera, una baixa autoestima adquirida de jove ens permet predir mals resultats en el futur: no és pas per falta de capacitat, sinó per manca de convicció.

L'autoconcepte

L'autoconcepte positiu
és el requisit fonamental per a una vida plena.
N. Branden

Podem definir l'autoconcepte com el conjunt d'actituds que l'individu té envers ell mateix. L'origen d'aquest concepte entès com a constructor psicològic es remunta a les acaballes del segle XIX quan William James estudià el desdoblament del nostre Jo-global en un Jo-coneixedor i un Jo-conegut.

En efecte, l'ésser humà es percep a nivell sensorial, pensa sobre ell mateix, s'autoavalua i sent emocions relacionades amb ell. I, si bé és cert que tots i cadascú de nosaltres tenim un autoconcepte, alhora, cal deixar clar que alguns tenen un autoconcepte suficient i altres el tenen deficient: si no ens valorem en el que realment valem, si no reconeixem i preuem les qualitats i els talents que posseïm, si no acceptem les nostres limitacions, llavors serem presa fàcil de la inseguretat i la desconfiança en nosaltres mateixos; ens serà més difícil afrontar i superar els problemes de la nostra vida; ens resultarà gairebé impossible endegar projectes arriscats, però accessibles a les nostres possibilitats. És en aquest sentit que P. Solignac deia: «Conec una sola definició de felicitat: ser un bon amic de tu mateix».

Un és el que pensa que és. De la mateixa manera que un ordinador basa les seves funcions en els programaris que li han estat incorporats, un ésser humà no pot actuar de forma diferent al que li dictamina la seva programació inconscient. El jo que en un moment donat governa la nostra existència és la conseqüència de determinats esdeveniments crucials esdevinguts durant la nostra vida i, molt especialment, durant la infantesa, i d'un procés d'interpretació i reacció que té lloc en el nostre fur intern. Eleanor Roosevelt afirma amb gran encert que «d'alguna manera, aprenem a ser qui som i després vivim en funció d'aquesta decisió». No obstant això, aquest «d'alguna manera, aprenem» no és pas poc important: ja de petits, hi ha opinions que, sense gaire fonament, inunden la nostra ment de percepcions i pensaments distorsionats, i d'aquesta manera desenfoquen la nostra imatge autèntica, i un cop aquests pensaments distorsionats s'instal·len, si no ho remeiem, poden marcar per sempre el nostre destí: sense canviar l'autoconcepte (allò que una persona creu que és), no es poden alterar els resultats que s'obtenen; l'autoconcepte delimita, per tant, els èxits individuals que aconseguim. D'alguna manera l'autoconcepte defineix el que un considera que és capaç de fer i el que no. És per aquest motiu que l'afirmació segons la qual «tant si creus que ho pots fer com si creus que no pots, sempre tens raó» és una veritat inqüestionable.

Si una persona desitja transformar la seva vida, és fonamental que alteri i millori les creences que que té sobre ella; cal que canvii les idees que ha tingut des de jove convençuda que es tractava de veritats axiomàtiques i immutables: aquestes creences queden ben reflectides en el seu llenguatge habitual en frases del tipus «Jo sóc d'aquesta manera, què hi farem». Cal canviar això perquè quan els paradigmes canvien, també canvia el món. És important substituir aquestes idees sobre un mateix (idees que en molts casos poden ser limitadores i fins i tot premonitòries de resultats negatius) per unes altres que resultin precursores de la bona sort.

L'autoimatge

Atès que no ets igual que cap altre ésser humà,
tu, ets incomparable.
BRENDA UELAND

L'autoimatge és la primera de les tres categories en què podem subdividir l'autoconcepte. És la manera en què una persona es veu a ella mateixa; és un mirall interior on cadascú de nosaltres es reflecteix per preguntar-se de quina manera ha d'actuar en els diversos esdeveniments quotidians.

Els diferents estudis realitzats amb persones afortunades permeten establir amb certesa absoluta que aquestes persones, de les quals diem que tenen bona estrella, tenen una imatge positiva d'elles mateixes. Això, però, no vol pas dir que siguin forçosament persones vanitoses o narcisistes, ans al contrari, sovint manifesten una certa modèstia i senzillesa. I, essent modestos i senzills, mantenen una gran autoconfiança que es basa en creences positives del tipus:

«Jo puc.»
«Tinc fe en les meves capacitats.»
«Sóc capaç de vèncer i de convèncer.»
«Qualsevol obstacle el puc superar.»
«Puc solucionar qualsevol problema.»

Ara bé, l'autoimatge és subjectiva i, per tant, és susceptible de transformar-se.[5] Les pors, els dubtes, els complexos,

5. Vegeu al capítol 10, l'apartat «La Universitat Nocturna de la Bona Sort».

no solen basar-se en fets objectius, sinó en impressions falses que hem anat assimilant al llarg de la vida, i especialment en els primers anys, i que s'han anat acceptant com a tautologies. Totes les persones durant el període anomenat de socialització som d'alguna manera suggestionades per tutors, professors, etc. Ens bombardegen amb una infinitat de missatges que som incapaços de verificar, i que a força de ser-nos repetits acabem acceptant com a veritables. D'aquesta manera —com deia el famós psicòleg William James— «en comparació amb el que hauríem de ser, només estem desperts a mitges. Només emprem una petita part dels nostres recursos físics i mentals. En termes generals, l'individu viu així dins dels seus límits. Posseeix qualitats de diferents tipus però que, habitualment, no utilitza».

Durant una sessió de suggestió, un hipnotitzador professional pot convèncer un aixecador de pes olímpic que, quan torni al seu estat natural, no serà capaç ni tan sols d'aixecar el bolígraf que hi ha damunt la taula i, arribat el moment, efectivament, el forçut atleta, per molt que ho intenti, no ho podrà fer. Ara bé, la hipnosi no ha afeblit l'atleta: si hi hagués prop d'ell unes peses assequibles a la seva categoria, les aixecaria com sempre ha fet; el que passa és que la idea introduïda en el seu cap («no ho puc fer») li impedirà alçar el bolígraf, segons el missatge rebut; l'esportista és víctima d'una creença limitadora inculcada amb premeditació.

I a l'inrevés, persones magnetitzades durant una sessió d'hipnosi poden dur a terme accions veritablement sorprenents, senzillament perquè han estat convençudes que són capaces de superar àmpliament els seus límits. En aquest sentit resulta emblemàtic l'experiment que es va dur a terme amb un esportista, al qual amb l'ajuda d'un dinamòmetre se li va mesurar una força màxima de 45 quilos. Tot seguit l'atleta va ser sotmès a hipnosi i se'l va suggestionar amb frases del tipus: «Ets molt fort, molt i molt. Més fort del que mai has estat en la teva vida. Molt, molt més fort. Estàs sorprès de veure que fort que ets». A continuació, va agafar amb les mans l'aparell de mesurament, i l'agulla va marcar una força de 56 quilos!

En aquest cas, tampoc no ha estat la hipnosi la que ha afegit potència a l'atleta: el que la suggestió positiva ha aconseguit és fer saltar pels aires la idea limitadora que l'esportista tenia de la seva força; el magnetitzador, simplement, ha dissolt un bloqueig mental constituït per una creença castradora.

Un cas extrem de creences negatives que torturen l'autoimatge dels éssers humans són els complexos. La dita del savi Epictet segons el qual «els homes estan trastornats però no per les coses que passen, sinó per la seva opinió sobre les coses que passen» pot ser ben bé aplicada a aquest cas: els complexos provenen no tant dels fets com de les conclusions que traiem d'aquests fets. En una persona el sentiment d'inferioritat es produeix perquè pensa, creu i assumeix que ha de mesurar-se amb patrons aliens. Es troba acomplexada perquè ha estat suggestionada amb la idea absurda que hauria de ser «com tothom», quan, en realitat, ningú no és com ningú, tots som únics en la nostra individualitat i no hi ha cap altre ésser al món que faci millor el nostre personatge que nosaltres mateixos. Tots els éssers humans som, evidentment, imperfectes, però, a desgrat de la nostra naturalesa defectuosa, podem viure amb alegria i aspirar a la superació.

Hem de substituir aquelles idees com ara el clàssic «no puc» perquè són idees que ens impedeixen assolir els èxits que voldríem i que sovint provenen de limitacions autoimposades; aquests idees limitadores i autoimposades les hem de convertir en idees proactives com per exemple «ara ho provo» o, almenys, per un «no sé si ho puc fer» que, com a mínim, deixa les portes obertes per intentar-ho.

En el seu llibre *La conquesta de la felicitat*, el filòsof lògic Bertrand Russell ens ofereix un relat autobiogràfic escruixidor: «Quan era un nen el meu lema favorit era: "cansat de la terra i carregat amb el meu pecat" [...]. Essent ja un adolescent, odiava la vida i em trobava contínuament al caire del suïcidi, que, no obstant això, no vaig arribar a cometre, i el que va evitar que ho fes va ser el meu gran desig de saber més matemàtiques». Russell atribueix gran part de les seves penes juvenils a l'educació puritana que va rebre, i explica que, a poc a poc, les va anar superant fins a arribar a poder dir que cada any que passava, més li agradava la vida: «És molt possible superar les suggestions infantils de l'inconscient, i fins i tot canviar el seu contingut, utilitzant el tipus adequat de tècnica [...]. Busca a fons en la irracionalitat amb la ferma determinació de no acatar-la, ni deixar que et domini.»

Si alteres la teva autoimatge deliberadament —com, benvolgut lector, et proposaré en la segona part del llibre, i com aconsello fer als qui assisteixen als meus seminaris i conferències—, si reprogrames aquest aspecte essencial del subconscient, si elimines les teves falses creences i t'alliberes d'inútils complexos, llavors el teu potencial de sort pot arribar a augmentar de manera notable.

Ara bé, l'únic referent de la teva autoimatge has de ser tu mateix. És molt important que recordis el que Victor Küppers adverteix amb gran encert en el seu reeixit llibre *El efecto actitud*: «No competim amb els altres. Competim amb nosaltres mateixos. No hi ha res de noble a ser millor que un altre; la clau és ser el millor que tu puguis arribar a ser, la clau és millorar cada dia».

En un clar exemple del que la cultura popular reflecteix amb la dita «ningú va més mal calçat que el sabater», la meva filla Marta va començar els estudis de primària amb uns resultats acadèmics realment decebedors. Eren unes qualificacions que fins i tot van portar la seva tutora a dir-nos que, probablement, la Marta no serviria per estudiar. Recordo que quan la meva filla em va lliurar les notes finals de curs em vaig fer l'incrèdul i li vaig dir:

—Marta, estàs segura que aquestes són les teves notes? No em deus haver portat les d'un altre company o companya? Aquestes qualificacions no poden ser les teves. La nena que coneixem a casa és molt més intel·ligent i espavilada.

Ella em va respondre compungida:

—Sí, pare, segur que són les meves.

Tot seguit, en el seu llenguatge infantil, va articular un argument de defensa que venia a dir que a classe no havia estat per la feina, que quan la professora explicava, el seu cap era a la lluna de València. Llavors li vaig proposar de fer un tracte:

—Aquest estiu estudiarem plegats dues hores cada dia, de nou a onze del matí. La resta del dia serà teu.

I així ho vam fer i al final de les vacances, els seus coneixements ja eren els mínims imprescindibles per poder seguir amb garanties el següent curs.

Llavors li vaig fer una segona proposta:

—D'aquest nou curs de tercer de primària que ara faràs, gairebé no m'importen les notes que treguis, sinó tan sols dues coses: la teva actitud, que haurà de ser «bona» o «molt bona» en totes les matèries i amb tots els professors, i que les teves qualificacions siguin almenys lleugerament millors que les de l'any passat.

En sentir això últim, la meva filla va contraatacar:

—Ostres, pare, tu vols que jo sigui la millor de la classe!

—T'equivoques de mig a mig, vida —la vaig contradir jo—. L'única cosa que et demano és que estiguis atenta a les explicacions (això depèn de tu i no pas de la teva intel·ligència) i que milloris respecte a tu mateixa. A partir d'ara, cada any et demanaré el mateix: bona o molt bona actitud i que els resultats siguin una miqueta millors que els de l'any anterior. Però recorda que no m'importen gens ni mica les qualificacions que treguin els altres. No vull en absolut que et comparis amb els teus companys. Només vull que et miris a tu mateixa, i que al final, arribis a ser la teva millor tu.

La recepta, de moment, funciona, gràcies també a la meravellosa tasca dels tutors i tutores que la Marta ha tingut al llarg dels estudis, i amb els quals, a més, la seva mare i jo treballem colze amb colze, aplicant totes les seves directrius. I la nostra filla és cada any una miqueta millor estudiant, i les seves qualificacions en actitud són gairebé sempre les que en el seu moment vam pactar.

«Quin és el primer deure de l'home?», es preguntava en una ocasió el gran dramaturg noruec Henrik Ibsen. «La resposta és molt breu: ser un mateix.» En aquest sentit, és important subratllar que quan una persona canvia la seva autoimatge no deixa de ser ella mateixa, ni tan sols es produeix una millora essencial. L'única cosa que canvia és el retrat mental que té sobre la seva identitat. Transformar l'autoimatge és permetre que suri l'autèntic jo que es troba reprimit entre bloquejos mentals i creences limitadores. Si un individu normal i corrent assoleix (com dirien els economistes) la seva frontera potencial de producció, llavors aquest home ordinari es converteix en un ésser extraordinari.

En aquest sentit, resulta paradigmàtic el següent conte:

EL PROCÉS DE TRANSFORMACIÓ

—Mestre, què és l'home?

—L'home no és ni el que ell creu que és ni el que els altres creuen que és.

—Però Mestre, què passaria si un dia l'home s'adonés que no és el que ell sempre ha cregut que era i que tampoc és el que han cregut els altres?

—Que el cuc començaria la seva transformació en papallona.

L'autoideal

De mica en mica em vaig deixar de preguntar: «Quina vida tinc?» i vaig començar a pensar: «Quina vida puc construir?»

CHRISTOPHER REEVE

L'autoideal, el segon component de l'autoconcepte, és allò que una persona aspira a ser. Per tant, l'autoideal està compost per un reguitzell de qualitats que admirem dels altres i que per a nosaltres seria ideal posseir.

En el llibre de Deepak Chorpra *Sincrodestino*, l'autor explica un història que em sembla ben emblemàtica: dos monjos observen que una bandera oneja al vent. Un diu: «La bandera està onejant» i l'altre li respon: «No, el vent s'està movent». El seu mestre s'apropa i un li pregunta: «Mestre, qui creieu que té raó? Jo dic que la bandera s'està movent; ell diu que és el vent el que es mou». El mestre contesta: «Tots dos esteu equivocats. Només la consciència es mou, crea el món amb la seva imaginació».

La imaginació és la capacitat de percebre i explorar situacions futures o inexistents i ens ofereix una excel·lent oportunitat de generar aprenentatge, ja que el cervell no distingeix entre una activitat real i una d'inventada o simulada. Imagina't ara a tu mateix tallant una llimona en grans rodanxes, te'n poses una part entre les dents, en mossegues la polpa, i sents que el suc es vessa sobre la teva llengua. És molt probable que ara mateix experimentis una segregació real de saliva. Ara, recorda el so desagradable que de vegades produeix el guix en la pissarra, i et serà gairebé impossible no tenir esgarrifances.

Així doncs, si una persona fa l'exercici d'imaginar-se ella mateixa duent a terme una activitat que requereixi destresa, quan realment la realitzi la seva habilitat augmentarà tant com si realment l'hagués practicat. I és que per tal que una persona millori ha de veure's a ella mateixa millorant. Artur Schnabel, el famós concertista de piano, odiava practicar i gairebé mai no ho feia posant els seus sensibles dits en el teclat del piano sino que assajava en el seu cap, mentalment. I Alex Morrison, un dels més grans formadors de jugadors de golf de tots els temps, va publicar el 1932 *Un golf mejor sin practicar*, on recomanava als golfistes aficionats i professionals dedicar cinc minuts diaris relaxats en una butaca confortable a imaginar-se a ells mateixos executant cops excel·lents.

Fa uns anys vaig patir una malaltia anomenada paràlisi facial de Bell. Aquesta malaltia provoca un dany transitori en un dels nervis de la cara, de manera que durant unes setmanes vaig tenir la cara desfigurada, parlava amb dificultat i gairebé no podia menjar. Quan encara no estava del tot curat, vaig haver de substituir el meu germà Manel (un extraordinari professor de finances i un executiu de brillant carrera professional) per fer una sessió en un MBA. En Manel encara no era el president d'Auditoria de PriceWaterhouseCoopers (poc després seria escollit per ocupar aquest lloc), però sí que tenia ja un càrrec importantíssim dins la companyia, la qual cosa a més de la seva enorme capacitat comunicativa i proximitat amb les alumnes —majoritàriament eren brillants titulats en enginyeria industrial— feia que tingués un incomparable carisma. Recordo l'enorme responsabilitat, i, per què no dir-ho, la gran basarda que sentia el dia abans de la sessió que m'havia demanat que donés, i és que per a més inri havia d'ensenyar-los a seleccionar projectes d'inversió en béns d'equip i ho havia de fer amb la meitat d'hores a les quals jo estava acostumat a fer-ho.

Vaig decidir aplicar tècniques de visualització: em vaig imaginar a mi mateix i amb tot luxe de detalls impartint la totalitat de la classe en el temps que m'havien assignat; em vaig veure tranquil, dominant l'escenari, explicant clarament cadascun dels conceptes que havia de transmetre'ls i resolent la totalitat dels casos pràctics que havien de dur-se a terme. En la meva visualització l'auditori entenia perfectament cadascun dels conceptes que els desenvolupava. Tota la preparació va tenir lloc al meu cap amb els ulls tancats i en una postura relaxada.

L'endemà, ja en viu i en directe, vaig evocar la visió programada la tarda anterior i vaig superar la prova si no amb èxit, ateses les circumstàncies, almenys amb dignitat. Per tal que res no alterés el meu guió visualitzat només vaig haver de transgredir una norma: vaig demanar als assistents, que, com que hi havia poc temps i l'examen era molt a prop (la prova era el dissabte següent i aquesta era l'última classe), no m'interrompessin amb preguntes, i que les guardessin per al final de la sessió, quan ja tots tinguéssim la seguretat d'haver conclòs el temari.

Imaginar mentalment el resultat que desitgem provoca tot un torrent de pensaments positius. Ara bé, aquests pensament positius mai no eximeixen de l'esforç que hem de fer per aconseguir-lo, però sí que focalitzaran les energies cap a l'objectiu que cerquem perquè, com va deixar escrit el Dr. Joseph Murphy en el seu llibre *El poder de la ment subconscient*: «La veritat és que pots desenvolupar qualsevol capacitat si actues com si ja la tinguessis.»

Tanmateix, no es tracta de fer volar coloms: un estudiant pot visualitzar que fa un examen i l'aprova, però això no necessàriament li assegura que si més no tregui un cinc: veure's a ell mateix estudiant amb una bona concentració i fent l'examen amb una gran tranquil·litat farà que augmenti el seu rendiment acadèmic, però si vol aprovar, la visualització no li estalviarà haver d'estudiar de valent. Per aconseguir l'èxit hem de ser capaços d'imaginar sobretot el recorregut fins a aconseguir-lo, i no només la seva arribada.

En els meus seminaris de desenvolupament personal recomano sempre als assistents que, en acabar el curset, vegin, una vegada i una altra, pel·lícules on els protagonistes exhibeixin tipologies de personalitat (aplom, perseverança, autoconfiança, optimisme, integritat...) que els agradaria adoptar:

l'emulació dels herois de cinema pot resultar una eina d'aprenentatge sensacional.

«Només existeix un racó de l'univers que tu pots estar segur de millorar», va afirmar el gran escriptor anglès Aldous Huxley amb la bellesa literària pròpia dels seus textos, «i aquest espai ets tu mateix.» En aquest sentit, transformar l'autoncepte canviant l'autoideal pot tenir uns efectes espectaculars en el desenvolupament personal d'un individu, perquè l'alteració de l'autoimatge apropa la persona a la seva frontera de potencial de producció i això té uns efectes que per ells mateixos ja són extraordinaris: l'acció estratègica sobre l'autoideal incrementa aquest potencial, eixampla els límits reals i contribueix que la identitat transcendeixi fronteres i se situï extramurs del propi jo actual.

L'autoestima

Estimar-se un mateix és l'inici d'una aventura que dura tota la vida.

OSCAR WILDE

L'autoestima és un component emocional del caràcter i té a veure amb l'opinió que una persona té d'ella mateixa en la intimitat.[6] És la base de l'entusiasme, de la vitalitat i de l'optimisme. Quan una persona se sent satisfeta amb ella mateixa, llavors les seves actuacions són millors, i això és una font de retroalimentació positiva, una mena de cercle virtuós ja

6. El mot *estima* significa «bona opinió que es té del que val algú o alguna cosa».

que si les actuacions són les adequades, el nivell de satisfacció personal augmenta, i això, al seu torn, permet un cop més millorar els actes. Per contra, com molt bé adverteix el cirurgià plàstic Maxwell Maltz en el seu *best seller* d'autoajuda *Psicocibernética* (títol del qual, per cert, s'han venut més de vint-i-cinc milions d'exemplars arreu del món): «De tots els paranys i perills de la vida, la falta d'autoestima és el més devastador i dur que ens pot succeir, perquè no és altra cosa que un forat fet amb les nostres pròpies mans».

Creure en un mateix és tenir fe en la pròpia capacitat d'aconseguir en el futur les fites desitjades; creure en un mateix és veure un demà ple de benestar i èxits.

Una persona afortunada sol dir-se a ella mateixa frases positives com aquestes:

«Sóc creatiu.»
«Sóc obert.»
«Sóc una persona decidida.»
«Sóc enèrgic.»

Els psicòlegs han observat que la confiança en un mateix s'edifica sobre els fonaments dels assoliments passats. Això, però, no vol pas dir que la biografia d'una persona no estigui repleta de fracassos. «Cap home», deia encertadament Gladstone, «mai no ha arribat a ser important o bo sino és a través de moltes i de grans equivocacions». Equivocar-se forma part de la naturalesa humana, i tenir por d'equivocar-se pot paralitzar una persona: «l'equivocació més gran que un home pot cometre», afirmava l'assagista nord-americà Elbert Hubbard, «és tenir por d'equivocar-se», ja que les persones aprenem molt de les nostres errades. Així doncs, l'error ens ha de servir com si fos un esglaó més cap a la nostra fita, com una estratègia que no cal tornar a utilitzar en el nostre viatge cap als objectius que ens hàgim proposat; un cop entès i viscut així, l'error ha de ser minimitzat en el nostre record.

Charles P. Thompson, professor de psicologia de la Universitat de Kansas, ha analitzat desenes de persones que havien portat diaris íntims durant almenys quinze anys de la seva vida, i els demanava que rememoressin el seu passat sense consultar les seves anotacions. Thompson va descobrir que la majoria de persones solen recordar un nombre més elevat d'esdeveniments favorables que no pas de desfavorables i ho aconsegueixen minimitzant l'impacte dels rebutjos i dels fracassos soferts. En aquest sentit la lleugera dosi d'amnèsia selectiva pròpia dels éssers humans que posa de manifest aquest experiment ens ajuda a millorar l'autoestima.

Augmentar l'autoestima no porta l'individu a aconseguir el seu propi potencial (com passava amb la transformació de l'autoimatge), i tampoc no contribueix a eixamplar la seva frontera de possibilitats (com s'aconseguia amb l'alteració estratègica de l'autoideal). Però augmentar l'autoestima sí que ens facilita millorar l'autoconcepte mitjançant una adequada gestió de la memòria i, en conseqüència, ens ajuda a millorar la pròpia identitat obviant els fracassos i reforçant els episodis reeixits de la seva biografia. Perquè com adverteix encertadament el filòsof xinès Lao-Tse:

«Qui conquereix els altres és fort,
però qui es conquereix a ell mateix
és poderós».

DIETARI DE BONA NIT I BONA SORT

EXERCICI 3
Millora la teva autoconfiança

Si una persona desitja millorar la seva autoconfiança, no s'ha de preocupar per quantes vegades s'hagi equivocat en el passat. Ans al contrari, cal que recordi i es concentri constantment en tots i cadascun dels seus encerts anteriors. En aquest sentit, el Dr. Winfred Overholser aconsella evocar moments valents per restaurar la confiança.

La tècnica que permet millorar l'autoconfiança rau a saber oblidar els fracassos i forjar l'hàbit de recordar els èxits pretèrits. Per això aconsello seguir la recomanació del professor Elmer Gares:

> «Reunir aquells sentiments més delicats de benevolència i profit i recordar-los de tant en tant. Aquest exercici s'ha de fer de forma regular, com si es tractés d'aixecar peses».

Agafa el teu kit d'escriptura i un bolígraf, cerca un lloc tranquil i íntim i reflexiona sobre el que ara et proposo:

Quin és el dia de la teva vida en què vas aconseguir un èxit més gran? ______________________________

Descriu aquell dia amb tota mena de detalls i recorda i escriu en un full totes l'emocions positives que vas experimentar.

EL MEU MILLOR ÈXIT ÉS ——————————————

No t'oblidis d'explicar-lo. Desa l'escrit, i cada cop que hagis de començar una acció relacionada amb ell, torna'l a escriure o, simplement, copia'l.

EL MEU SEGON MILLOR ÈXIT ÉS ——————————————

Ara pensa sobre un segon èxit que hagis tingut, però en aquest cas que sigui un èxit de naturalesa diferent del primer, i del que també et sentis orgullós. Un cop més, escriu-lo de la manera més detallada possible

I així successivament fins a completar una llista d'entre tres i cinc èxits passats.

EL MEU TERCER MILLOR ÈXIT ÉS ——————————————

EL MEU QUART MILLOR ÈXIT ÉS ——————————————

EL MEU CINQUÈ MILLOR ÈXIT ÉS ——————————————

Guarda aquesta mena de diari íntim d'èxits pretèrits com un tresor en el teu «Dietari de *Bona nit i bona sort*», i no dubtis a utilitzar-lo cada cop que la por pugui fer minvar la teva autoconfiança. Recorda que, com hem vist en el capítol 2, les teves millors gestes es correlacionen amb les teves qualitats intrínseques.

EXERCICI 4
Espot publicitari de tu mateix

Agafa el teu kit d'escriptura i un bolígraf, cerca un lloc tranquil i íntim i redacta un espot publicitari de tu mateix: fes-ho amb optimisme realista.

Després fes-ne dues còpies: una la pots desar en el teu «Dietari de *Bona nit i bona sort*»; l'altra posa-la en un lloc on sigui fàcil que te la trobis cada dos per tres.

4.

CREA CIRCUMSTÀNCIES PER ATREURE LA BONA SORT

Sempre diem que les circumstàncies tenen la culpa d'allò que som.
Jo, però, no hi crec, en les circumstàncies.
En aquest món els qui tiren endavant són els qui persegueixen
i cerquen les circumstàncies que desitgen
i, si no les troben, les creen.
GEORGE BERNARD SHAW

Les persones amb sort solen fomentar inconscientment la seva bona fortuna; la seva vida és plena de sincronicitats i casualitats favorables: llegeixen en un diari la notícia propícia, troben en un llibre la idea fonamental, naveguen per Internet i topen just amb el lloc idoni, es troben amb un amic i aquest els presenta una persona que resulta ser un contacte indispensable... Però aquestes incidències aparentment fortuïtes i providencials són el resultat d'una estructura psicològica subjacent que els permet cercar i trobar l'oportunitat allà mateix on la gent sense sort simplement hi veu un succés neutre i poca cosa més.

El tòpic de ser al lloc adient en el moment oportú té molt a veure amb tenir una personalitat determinada, una actitud davant la vida i un cert estat d'ànim. Trets com ara l'optimisme, la sociabilitat, l'adequat control de les emocions, la perseverança o l'escàs neuroticisme tenen una influència molt important i fan que allò que per a molts seria improbable, per a uns quants sigui possible.

En el ja esmentat títol de Fernando Trías de Bes i Àlex Rovira (*La bona sort*) els autors estableixen amb la claredat que caracteritza els seus escrits el «decàleg-síntesi i nou origen de la Bona Sort» on s'hi pot llegir:

> «Crear Bona Sort és preparar les circumstàncies per a l'oportunitat. Però l'oportunitat no és qüestió de sort o atzar: sempre és aquí! Crear Bona Sort únicament consisteix a... crear circumstàncies!».

No oblidem que l'arrel de la paraula *oportunitat* és *port*, és a dir, l'entrada per aigua en una ciutat. En l'antiguitat quan el port restava obert només es permetia amarrar o simplement fondejar als vaixells que reconeixien l'entrada. Per tant, primer cal crear les circumstàncies, però només es beneficiarà de l'oportunitat qui la sàpiga reconèixer.

Concentra't en les relacions i en la comunicació

Els qui segueixen el seu autèntic camí i propòsit fan cinc coses: 1) Són capaços d'interpretar les pistes que els guien en el seu camí; 2) Tenen molt clar on es dirigeixen; 3) Reconeixen i accepten els seus dons naturals; 4) Estan disposats a sacrificar-se per fer importants aportacions; i 5) Persegueixen la seva felicitat i, en conseqüència, al llarg del camí saben trobar les persones que hi són per ajudar-los en el seu viatge.

KEVIN HALL

A la universitat australiana de Flinders es va dur a terme una investigació ben reveladora: durant deu anys es van estudiar les xarxes socials de gairebé 1.500 persones que eren a la ratlla de la setantena. La investigació va concloure que els qui tenien més amics tenien una longevitat un 22% superior a la mitjana.

Les persones que atreuen la bona sort estan obertes a conèixer gent interessant. Són extravertides i mantenen una expectativa positiva cap a les relacions, i aquest fet té un gran influència en la resposta que obtenen dels altres i, a la llarga, les seves relacions arriben a ser un pilar fonamental de la seva fortuna, el benestar i l'èxit.

La gent sense sort, basant-se sovint en una falsa creença (que moltes vegades es fonamenta en escasses experiències vitals de la seva infantesa o adolescència que els van deixar un mal regust de boca), té una expectativa negativa en iniciar una relació, de manera que aquesta visió s'acabarà convertint en una profecia d'autocompliment, i la nova amistat s'espatllarà, retroalimentant així la falsa creença inicial.

A les aules és molt útil tenir una imatge positiva dels estudiants universitaris perquè als alumnes els desagrada decebre un professor o una professora que els valora i els té en alta consideració. En les juntes d'avaluació a les quals he assistit en infinitat d'ocasions, sol produir-se una correlació força evident entre la visió que té el docent dels seus alumnes i la qualificació mitjana que aquests obtenen.

Com a professor d'organització i administració d'empreses conec bé les anomenades «Teories *x* i *y*» de Douglas McGregor. McGregor va ser una figura il·lustre de l'escola administrativa de relacions humanes que va tenir molta importància en la primera meitat del segle passat i els seus ensenyaments tenen encara avui una gran vigència. En la seva obra *El lado humano de las relaciones*, McGregor va descriure dues formes de pensament dels directius, i les va anomenar teoria *x* i teoria *y*. Entre els caps de feina n'hi ha que segueixen la teoria *x* i consideren als seus subordinats com una força de treball que només funciona per por; els de la teoria *y*, parteixen d'una altra visió segons la qual als empleats els agrada treballar. McGregor acaba el seu postulat amb una tesi colpidora basada en experiències reals: els treballadors acabaran responent a la imatge (negativa o positiva) que tinguin d'ells els seus caps de feina!

Fa uns anys es va descobrir un fenomen anomenat ressonància límbica. Segons aquest fenomen, una persona que té un determinat estat d'ànim el transfereix a la resta d'éssers humans que hi ha al seu voltant, els quals, sense adonar-se'n, l'imiten. Crec que hem de ser molt conscients d'aquest fet perquè això ens presenta una oportunitat immillorable de condicionar les emocions que es generen al nostre voltant.

Per tant, mantenir la calma en moments de tensió asserenarà l'emotivitat dels altres i farà possible que el problema se solucioni d'una manera més ràpida i eficaç, cosa que ens permetrà, sens dubte, atreure la sort.

D'altra banda, hem de tenir molt present també que la comunicació interpersonal és fonamental en les nostres relacions. Les paraules que emprem o que escoltem no són pas inofensives. Com bé diu Àlex Rovira en el llibre *Paraules que curen*: «Podem triar en cada moment les nostres paraules per relacionar-nos amb els altres, per construir la realitat amb l'altre i per crear la nostra pròpia realitat. Triar les paraules adequades a cada moment és un exercici que ens pot transformar l'existència o obrir-nos la porta a escenaris interiors i exteriors que mai no hauríem imaginat». Ara bé, hem de considerar que, pel mateix principi, quan parlem, també podem ferir. Les paraules són armes poderoses que activen la ira o la por en els nuclis amigdalins del cervell. Amb la nostra manera de comunicar-nos podem establir la pau o afavorir els conflictes, podem afavorir la salut i desenvolupar la creativitat (motors de la bona sort) o podem contribuir a tot el contrari. Són exemples pràctics i emblemàtics del que José Antonio Marina anomenaria «intel·ligència fracassada». Hem de triar si les nostres paraules sorgeixen del nostre cor o simplement de la nostra boca: si surten del cor, interactuarem amb el cor del proïsme; si ens limitem a fer que surtin de la boca, tan sols arribarem a les oïdes de l'altre. En aquest sentit, és curiós que el llibre que més ha ajudat en la formació de lideratge dugui com a títol *Com guanyar amics i influir sobre les persones* i el seu autor, el mític Carnegie, hagi escrit un autèntic manual d'instruccions de la comunicació humana.

Arribats a aquest punt, crec que és també especialment interessant recordar una troballa excepcional, la de les neurones mirall, que se situen en la circumvolució frontal inferior i en el lòbul parietal del nostre cervell. Aquestes neurones estan actives quan les persones duem a terme una tasca, però també quan observem que algú realitza aquesta tasca. Les neurones mirall van ser descobertes casualment pel neurocientífic de la Universitat de Parma, Giacomo Rizzolatti. La funció d'aquetses neurones és encara controvertida, tot i que pel que es veu podrien ser importants per comprendre les accions d'altres persones, i per adquirir noves competències per imitació. A més, les investigacions actuals relacionen aquestes neurones mirall amb la comprensió d'objectius i intencions dels altres. Així, per exemple, si algú ens somriu hipòcritament, gràcies a aquestes neurones ens adonem de manera intuïtiva de la falsedat de qui ens ha somrigut. Daniel Goleman, psicòleg i divulgador científic, a *Intel·ligència emocional* es fa ressò de la teoria segons la qual aquestes neurones reediten en el nostre propi cervell l'estat emocional del nostre interlocutor i són, per tant, la clau de l'empatia.

Si desitgem atreure la bona sort a les nostres vides, hem d'evitar que quan parlem amb algú les nostres cabòries estiguin al nostre costat, ajagudes com si es tractés d'un gos fidel, perquè, inconscientment, l'altre percebrà aquestes cabòries nostres i seran una forta barrera de comunicació. D'altra banda, tampoc no podem oblidar que, quan parlem amb una altra persona, el nostre llenguatge verbal serà processat pel seu hemisferi esquerre (vinculat a la ment conscient), mentre que el llenguatge no verbal serà captat (i a més a una velocitat encara molt més gran) pel seu hemisferi dret (relacionat amb l'inconscient), i hem de tenir clar que és precisament a la zona prefrontal d'aquest hemisferi dret on s'originen les emocions negatives com la ira o la por. Per tant, tot i que potser emprem paraules neutres o fins i tot agradables, un llenguatge no verbal inadequat pot impactar més que el mateix missatge oral.

Quan ens comuniquem amb els altres, sigui perquè emprem una estratègia verbal equivocada, o fins i tot en el cas que triem una estratègia adequada —és a dir, que triem amb saviesa les nostres paraules—, si utilitzem un llenguatge no verbal erroni, podem fer que en els nostres interlocutors s'activin sentiments que els segrestin el control emocional, de manera que en la seva ment només concebran tres tipus de respostes emocionals: atac, fugida o bloqueig. En aquest cas, la connexió serà impossible. De la mateixa manera, si el que ens diu algú ens fereix, hem de ser conscients que la nostra ment percep un perill indefinit, un perill semblant al pànic que podria sentir un home enfront, per exemple, d'un tigre: instintivament desconnectem el neocòrtex, fonamental per a l'anàlisi i la creativitat, perquè deixa de ser important enfront d'un depredador, ja que no té cap sentit negociar amb ell. En aquest moment guanya protagonisme una part molt més profunda del nostre cervell anomenat sistema límbic, i especialment l'amígdala, una estructura en forma d'ametlla que funciona com si fos una alarma. Segons com l'amígdala (i no la nostra escorça cerebral generadora de lògica) avaluï la situació, ens disposarem a contraatacar, a fugir, o, simplement, ens quedarem paralitzats, captius de la por. En aquest instant és imprescindible recordar que l'important no és respondre sinó desactivar el procés mental primitiu que acabem de descriure perquè la sang torni al neocòrtex. Per tant l'estratègia adequada és restar callats, respirar fondo i recuperar l'equilibri. No oblidem que els éssers humans som amos dels nostres silencis i esclaus de les nostres paraules: davant d'un comentari que ens ha ferit o ens ha sabut greu, el fet de respondre però pensant abans què direm o, simplement, no respondre no són pas signes de debilitat, sinó símptomes de fortalesa mental i de gestió emocional; en una situació així, respondre pensant o no respondre és emprar la nostra energia per construir ponts de comunicació i relació en lloc d'utilitzar-la per esbotzar-los, perquè no és del tot certa la dita popular segons la qual les paraules se les endú el vent.

DIETARI DE BONA NIT I BONA SORT

EXERCICI 5
Kit personal de comunicació[7]

Agafa el teu kit d'escriptura i un bolígraf, i cada nit, ara que ningú no et veu, i amb la major sinceritat possible, pensa en les relacions que has mantingut durant el dia.

Durant el dia d'avui, quantes vegades t'has queixat? Quantes vegades has criticat o fins i tot jutjat o condemnat a algú?

Al matí, quan et llevis, fes-te el ferm propòsit de complir rigorosament aquestes **3 regles o Tècniques fonamentals per tractar als altres**:

7. Basat en el clàssic de Dale Carnegie, *Com guanyar amics i influir sobre les persones.*

1. No critiquis, no condemnis i no et queixis.
2. Demostra a tothom una estimació honrada i sincera.
3. Desperta en els altres un desig vehement.[8]

I al vespre, torna a respondre les preguntes anteriors. Fes-ho així cada dia, fins que les respostes siguin «No m'he queixat cap vegada», «No he criticat ni condemnat ningú»

A continuació, contesta a les següents preguntes amb la major sinceritat possible ara que no et veu ningú:

Durant el dia d'avui...

... a quantes persones he conegut?

... quants noms he après?

... què en sé?

Al matí, fes el ferm propòsit de complir rigorosament les següents

6 maneres d'agradar als altres

1. Interessa't sincerament pels altres.
2. Somriu-los sempre.
3. Recorda que, per a qualsevol persona, el seu nom és el so més dolç i important en qualsevol idioma.
4. Sigues bon oïdor. Anima els altres que et parlin d'ells mateixos.
5. Parla pensant en allò que interessa els altres.
6. Fes que el teu interlocutor se senti important i fes-ho sincerament.

8. Per aconseguir-ho no parlis del que et cal o vols; centra la conversa en allò que ells necessiten o desitgen i ensenya'ls com aconseguir-ho.

I al vespre, torna a respondre les preguntes anteriors. Actua així cada dia, fins que les respostes siguin «M'he après tots els noms de les persones que he conegut» i «Sé molt sobre què és allò que els interessa i els mou en la vida, del que els agrada, del que desitgen i del que els inquieta o preocupa».

A continuació, contesta a les següents preguntes amb la major sinceritat possible ara que ningú no et veu:

Durant el dia d'avui...
... en quantes discussions m'he enredat?
... en quantes ocasions he admès que m'he equivocat?
... quants *sí* he arrencat dels meus interlocutors?
... qui ha parlat durant més temps, el meu interlocutor o jo?
... quantes vegades he tractat o fins i tot aconseguit que l'altra persona «se sortís amb la meva»?

Al matí, fes el ferm propòsit de complir rigorosament les següents **12 estratègies per aconseguir que els altres pensin com tu**

1. Evita qualsevol discussió.
2. Demostra respecte per les opinions alienes. Mai no diguis a una persona que s'ha equivocat.
3. Si ets tu qui s'ha equivocat, ho has d'admetre ràpidament i clarament.
4. Comença qualsevol conversa o debat de manera amigable.
5. Aconsegueix que el teu interlocutor digui «Sí, sí», immediatament.

6. Permet que sigui el teu interlocutor qui parli més.
7. Permet que l'altra persona senti que la idea ha estat seva.
8. Tracta honradament de veure les coses des del punt de vista de l'altra persona.
9. Mostra simpatia per les idees i desitjos de l'altra persona.
10. Apel·la als motius més nobles.
11. Dramatitza les teves idees.
12. Llança un repte.

I a la nit, torna a respondre les preguntes anteriors. Fes-ho així cada dia, fins que les respostes siguin «No he tingut cap discussió», «He aconseguit una infinitat d'acords», «He escoltat el doble del que he parlat, ja que per això la naturalesa m'ha dotat de dues orelles i una sola boca» i «He aconseguit que els altres se sortissin amb la meva» després de veure també les coses des del seu punt de vista i d'aconseguir que proposessin un acord satisfactori per a tothom».

Relaxa't i controla les teves emocions

Si et sents angoixat per algun motiu extern,
el malestar no és pas causat per aquesta cosa
sino per la valoració que tu en fas,
i això sí que ho pots canviar quan vulguis.
MARC AURELI

Segons els psicòlegs, l'actitud relaxada predisposa a veure les oportunitats que se'ns presenten. Totes les enquestes indiquen que hi ha una forta correlació inversa entre el grau de neuroticisme de les persones i la seva capacitat per atreure la bona sort. En efecte, així com l'actitud relaxada ens predisposa positivament, així mateix però a la inversa, un alt nivell d'ansietat o el mal hàbit de donar voltes i més voltes a qualsevol problema limiten el radi d'atenció[9] i disminueixen la capacitat de veure els avantatges que poden suposar els successos quotidians del nostre voltant.

Una persona amb sort mostra una actitud relaxada enfront dels altres, i això li permet escoltar-los (i no tan sols sentir-los) i fa que aquesta persona sigui més receptiva a qualsevol missatge que, sorgit de forma natural, pugui representar una afortunada oportunitat.

Aquesta actitud relaxada li confereix també a aquesta persona un major control dels seus sentiments, i no només es limita a silenciar-los, com en algun moment de la nostra infantesa ens solen ensenyar a fer erròniament. Hem desen-

9. No és pas casualitat que la paraula *angoixa* vingui del llatí *angustus,* que vol dir angost, és a dir, estret.

volupat l'estratègia d'ocultar als altres certes emocions com ara la por, la frustració o la vergonya, potser perquè pensem que si les mostrem ens situem en inferioritat davant dels altres.

En el meu llibre *Buenos días y buena letra* transcric la part inicial del guió de la pel·lícula *El negociador* (1998), on el protagonista, Danny Roman —interpretat per l'actor Samuel L. Jackson— aconsegueix reduir un perillosíssim segrestador gràcies al seu enorme control emocional. «No és que aquests negociadors hagin après a esbiaixar les seves emocions o a eliminar-les», explica un passatge del text. «En aquest cas, això els convertiria en éssers associals freturosos d'empatia. Els negociadors són persones que han estat entrenades per reconèixer els seus sentiments a l'instant i, un cop reconeguts, no permeten que aquests sentiments alterin les seves accions; han aconseguit ser freds per dins, sense deixar, però, de ser càlids per fora; han aconseguit ser capaços de triar com sentir-se en cada circumstància.»

No saber gestionar bé les nostres emocions no tan sols és un factor de mala sort sinó que, a més, és la causa d'un bon nombre de malalties, ja que els sentiments descontrolats provoquen en la nostra sang una major tendència a coagular i fer que els nostres nivells de triglicèrids i de colesterol siguin més i més inadequats. Les plaquetes, que transporten un element essencial per engegar la coagulació —l'F3—, s'adhereixen als dipòsits de greix que s'han format a l'interior de les nostres artèries (els triglicèrids i el colesterol abundants), amb la qual cosa l'artèria queda embussada. Aquest és l'origen de la majoria de les embòlies i dels infarts.

Aristòtil deia que «qualsevol de nosaltres és capaç d'enfadar-se, això és senzill. Però enfadar-se amb la persona adequada, en el grau exacte, en el moment oportú, amb el propòsit just i de la manera correcta, això, certament, ja no és pas tan senzill». Per això, és vital desenvolupar un mètode que ens permeti controlar les nostres emocions.

El primer pas en l'autogestió dels sentiments consisteix, senzillament, a reconèixer que existeixen i acceptar-los. En fer-ho, l'emotivitat es reequilibra, el ritme de la nostra respiració torna a la normalitat, recuperem el nostre to de veu habitual, i, fins i tot, els nostres gestos es tranquil·litzen.

DIETARI DE BONA NIT I BONA SORT

EXERCICI 6
Construeix el teu Quadre de comandament emocional (QCE)

A. Reverteix les emocions negatives[10]

A diferència dels altres exercicis d'aquest llibre, aquest només l'has de fer quan abans d'anar al llit et vinguin sentiments negatius per haver tingut durant el dia alguna experiència desagradable.

Agafa el teu kit d'escriptura i un bolígraf, vés a un lloc tranquil i escriu amb la màxima sinceritat l'experiència negativa que hagis patit, seguint el següent esquema narratiu:

1r Reconeix el dolor i el sofriment que estàs patint, i en acabat, reconeix també les coses positives que has fet per afrontar-los. Per

10. Basat en l'exercici «Escritura reflexiva» del llibre *Cómo potenciar las emociones positivas y afrontar las negativas*, de Carmen i Juana María Maganto i Juan Etxebarría.

exemple et pots sentir orgullós de fer front a la teva feina o orgullós per estar tan bé com sigui possible davant de les altres persones sense que ningú hagi notat la teva situació.

2n Pensa sobre els aspectes en els quals segurament hauràs madurat com a conseqüència d'aquest succés: tinc una altra perspectiva de la vida? Sóc més sensible, tolerant, agraït, o més obert que abans?

3r Considera de quina manera positiva aquest succés negatiu ha influït en les teves relacions amb els altres: s'han enfortit les meves relacions? Em sento més proper a alguna persona? He sentit que em donava suport?

B. Quadre de comandament emocional (QCE®)

1r Recorda 5 situacions de la teva vida en què, per exemple, hagis experimentat les sensacions que s'exposen a continuació:

— Notes que des de la primera trobada causes una magnífica impressió personal i/o acceptació professional al teu interlocutor.
— Has exposat les teves idees amb claredat, eloqüència i precisió.
— Has tingut èxit o rebut felicitacions.
— Has superat amb nota un examen que et va exigir molt estudi, molta dedicació, recordar un gran nombre de coses i resoldre algun exercici amb imaginació.
— Has experimentat una sensació d'enorme pau interior i de gran tranquil·litat.

2n Escull 5 melodies, que puguis associar a cadascun d'aquests estats emocionals i grava-les en un CD.

3r Prepara 5 pots d'olor i numera'ls de l'1 al 5 per crear un plànol olfactori en el cervell que t'ajudi a orientar-te amb les regions corticals que interpreten les olors.

Per fer els pots d'olor, has d'agafar una esponja normal i corrent i tallar-la en 20 cubs d'1 cm d'aresta, aproximadament. Reuneix 5 líquids amb olors diverses, distribueix la vintena de daus en grups de quatre i impregna'n cada conjunt amb una aroma particular. Finalment, introdueix cada grup en cinc pots de rodet de pel·lícula fotogràfica de 35 mm perfectament numerats.

Les aromes de la bona sort poden ser:

I) *bàlsam de judea*: per ser persuasiu;

II) *llimona*: per aclarir i aguditzar idees;

III) *menta*: per experimentar èxit;

IV) *llorer*: per ser creatiu;

V) *espígol*: per tenir tranquil·litat.

O, si vols, també pots substituir alguna de les aromes anteriors per unes altres que et resultin més suggeridores o agradables.

4t Adopta un color simbòlic per a cadascuna de les situacions que desitges programar. Els colors de la bona sort poden ser:

I. LILA. Notes que des de la primera trobada causes una magnífica impressió personal i/o acceptació professional al teu interlocutor/a. El color lila expressa popularitat.

II. BLAU FOSC. Has exposat les teves idees amb claredat, eloqüència i precisió. El color blau fosc expressa bones relacions.

III. BLANC. Has tingut èxit o t'han felicitat. El color blanc expressa relacions de negocis beneficioses.

IV. BLAU CLAR. Has superat amb nota un examen que et va costar molt estudi, molta dedicació, esforç per recordar un gran nombre de coses i resoldre algun exercici amb imaginació. El color blau clar significa superar dificultats.

V. VERD CLAR. Has experimentat una sensació d'enorme assossec interior i de gran tranquil·litat. El verd clar simbolitza pau mental.

5è Pensa 5 gestos amb la mà esquerra (tancar el puny, ajuntar polze i índex, unir polze i anul·lar...) i numera'ls de l'1 al 5. Has de repetir cinc vegades la mateixa frase: **«Cada cop que faci aquest gest sentiré la sensació de...»**

6è A continuació visualitza una per una cadascuna de les 5 situacions exposades abans. Fes-ho assegut en una cadira, amb l'esquena dreta però relaxat.

Quan vegis la situació i estiguis experimentant la sensació que desitges ancorar, amb l'ajuda d'uns auriculars, escolta la melodia triada per a aquesta sensació, obre el cartutx de l'aroma corresponent, olora l'aroma escollida i deixa que imaginàriament el color assignat a aquesta situació tenyeixi tota l'escena. En aquest moment amb la mà esquerra reprodueix el gest-àncora i fixa l'emoció en el teu cervell.

L'explicació científica d'aquesta eina rau en els estudis neurològics segons els quals tant la música com les olors són estímuls molt potents que, si es combinen, augmenten exponencialment la capacitat memorística del cervell. Aquest fet permet millorar moltíssim les tècniques pròpies de la reeducació mental per emmagatzemar records i poder-hi accedir fent simplement el gest practicat.

QUADRE DE COMANDAMENT EMOCIONAL (QCE)®

ESTAT D'ÀNIM	MELODIA	AROMA D'ÈXIT	COLOR	GEST-ÀNCORA
Persuasió		Bàlsam de Judea	Lila	Ajuntar el dit índex amb el polze (mà esquerra)
Intel·ligència		Llimona	Blau fosc	Ajuntar l'índex i el polze (mà esquerra)
Èxit, positivitat		Menta	Blanc	Ajuntar l'anular amb el polze (mà esquerra)
Creativitat		Llorer	Blau clar	Ajuntar l'anular amb el polze (mà esquerra)
Pau interior		Espígol	Verd clar	Tancar el puny de la mà esquerra.

La teva ment és com un paracaiguda: només és útil si està oberta

Una ment tancada no és una ment sino una màquina: simplement descarrega automàticament tot allò que ja hi ha dins seu; en canvi, una ment oberta desitja de debò, arribar a la veritat que resulta del contrast d'opinions.

A una ment tancada no li interessa canviar, només li interessa seguir creient allò que ja creu.
KEN KEYES, JR.

Totes les investigacions del que podríem anomenar «ciència de la sort» ens vénen a dir que és essencial tenir una ment oberta que ens permeti ensopegar casualment amb coses, situacions o persones. En aquest sentit, Joaquín Lorente, un dels millors publicistes del món, en el seu peculiar llibre *Pensa, és gratis,* diu: «Per tenir sort cal estar constantment atent i vigilant respecte a l'atzar. Cal tenir les antenes del cervell ben netes i estirades».

D'altra banda, els psicòlegs també han pogut constatar que les persones que atreuen la bona sort són humils, fet que permet a aquestes persones aprendre dels qui tenen un punt de vista diferent i que, a més, fa que estiguin disposades a tornar a considerar el seu parer sobre alguna cosa quan la vida els dóna un motiu per tornar a examinar-la. Ralph Waldo Emerson deia: «Qualsevol home que conec és superior a mi en alguna cosa. En aquest sentit, aprenc d'ell»; i el gran Plató concloïa que «l'home savi voldrà estar sempre amb aquell que sigui millor que ell».

Com és sabut, la paraula *humilitat* prové del llatí *humus,* que es pot traduir per 'terra orgànica': l'ésser humà, per tal de poder créixer ha de ser humil, és a dir, tenir les seves arrels en un *humus,* en un terreny fèrtil.

Però com sosté, potser provocadorament, l'advocat, economista i gran divulgador científic Eduard Punset a *Viatge al poder de la ment,* les persones de bona sort, a més d'humils han de ser flexibles, ja que de la mateixa manera que és important adquirir nous coneixements també ho és abandonar el llast de vells sabers inservibles: «molt més útil que aprendre», diu Punset, «és desaprendre. En un futur no gaire llunyà, l'aprofundiment en els processos cognitius comportarà també esbrossar els mecanismes del desaprenentatge». Avui és ben sabut que no veiem el món tal com és sinó tal com som nosaltres, de manera que si desitgem descobrir oportunitats on els altres només hi veuen successos irrellevants, hem de despullar-nos d'antics prejudicis i de caduques «veritats» inservibles que condicionen la nostra percepció de la realitat. Un cop més, queda clar que la plasticitat de la ment i la nuesa d'apriorismes són característiques fonamentals de qui desitja crear sort.

«La ment de les persones», afirma Leanne Hastle, «és com un paracaiguda: solament funciona quan està oberta». En efecte, per atreure la sort cal mantenir la idiosincràsia del nen que contínuament pregunta «per què» i que mai no exhaureix les seves ànsies d'aprendre. Parafrasejant el famós eslògan del Maig del 68, diríem que cal resoldre l'impossible perquè com demostra Edgar de Bono, que ha encunyat el concepte de «pensament lateral», a part de les limitades solucions lògiques, hi ha també una infinitat de propostes imaginatives que amplien els horitzons de la realitat.

Tenir la ment oberta vol dir també no resistir-se als canvis, i sentir cert gust per la novetat i per tot allò que és imprevisible. Aquesta actitud augmenta, sens dubte, la probabilitat de topar-se amb ocasions propícies. En canvi, la gent sense sort tendeix a ser més rutinària i molt menys permeable.

L'any 1999, amb motiu del naixement de la meva filla Marta, vaig iniciar la meva investigació sobre la ment humana, i, atès que no he estudiat formalment psicologia ni neurologia, vaig començar una lectura a l'atzar que m'ha estat de gran utilitat perquè m'ha permès descobrir textos que m'han aportat coneixements indispensables per crear el meu eclèctic mètode KIMMON[11] de reeducació cerebral i per idear els exercicis pràctics d'aquest llibre.

Recordo que vaig salpar del port del coneixement i em vaig endinsar a l'immens oceà de la lletra impresa només proveït d'una brúixola que assenyalava la psique i duia només el salvavides que em proporcionaven milers d'hores de docència i molta reflexió sobre com aprèn el cervell. El primer lloc on vaig atracar (amb un retard imperdonable) va ser *Elogio y refutación del ingenio* de José Antonio Marina, que, per mí, va ser un exemple paradigmàtic del que en solem dir «la sort del principiant». A partir d'aquesta impagable lectura inicial, vaig navegar per la bibliografia gairebé infinita allà on em menessin els vents de la curiositat i els corrents marins de la casualitat, de la mateixa manera que faria un modern internauta per la xarxa, és a dir d'un enllaç-llibre a un altre, descobrint platges salvatges, racons inexplorats

11. El lector pot trobar explicat aquest mètode al meu anterior llibre *Buenos días y buena letra.*

i fins i tot un esquinçat mapa[12] que vaig haver de restaurar i que va resultar ser la ruta que permetia arribar al més preuat dels tresors: la nostra pròpia ment.

I per què no?

En la història de la humanitat, la major part
dels progressos aconseguits ho han estat
per aquells que no accepten que hi hagi res d'impossible.
BILL O'HANION

Dissabte 27 de maig de 2000. Estadi de Mestalla. Final de la Copa del Rei: RCD Espanyol-At. Madrid. És el minut dotze i el marcador encara reflecteix el 0-0 inicial. El porter de l'equip matalasser, Toni Jiménez (campió olímpic a Barcelona 92), té la pilota còmodament agafada amb les mans i es disposa a llançar-la a algun dels seus companys. L'assetja Raül Tamudo, l'aleshores jove davanter perico. De sobte, Tamudo prova una jugada impossible: intenta amb el cap robar-li la pilota al porter, que, sorprès davant d'una acció tan audaç i inesperada, veu com l'esfèric se li escapa dels guants; tots dos lluiten per la pilota, però a la fi, el noi de Santa Coloma de Gramenet, guanya la partida al granollerí i aconsegueix l'anhelat gol. L'equip blanquiblau acaba vencent per 2 a 1, i el

12. Vaig exposar això mateix a *Buenos días y buena letra*.

trofeu entra en les vitrines del club espanyolista, seixanta anys després d'haver-lo obtingut per última vegada.

El gol que acabo de relatar no és una acció aïllada en la carrera esportiva de Raül Tamudo, ans al contrari, és un exemple emblemàtic de la seva magnífica trajectòria professional que l'ha portat a ser el major golejador de la història del Reial Club Deportiu Espanyol,

Sostinc que el diferencial d'aquest futbolista, en el punt més alt de la seva carrera esportiva, no se situa en els seus peus, sinó en el seu cap: Tamudo tenia una envejable força mental i mai no es desanimava, de manera que no semblava que l'afectessin ni tan sols els períodes de sequera golejadora que pateix qualsevol davanter centre; Tamudo presentava una tolerància al fracàs fora del comú i, sobretot, ho intentava tot sense defallir des de l'inici del partit fins que l'àrbitre xiulava el final, o fins que, en veure's completament esgotat, el seu míster decidia donar-li un merescut descans. Tamudo era i és un exemple paradigmàtic de persona de sort.

La ment de les persones afortunades actua en l'àmbit de les alternatives creatives, i en comptes de creure que un determinat problema no té solució, l'afortunat prova noves maneres d'enfocar i resoldre'l, i persevera en la recerca amb la convicció que no es perd res per intentar-ho.

És prou coneguda la frase que se sol atribuir a Thomas Alba Edison, segons la qual els qui estan convençuts que una cosa és impossible (gent indiscutiblement sense sort) mai no haurien d'interrompre la feina dels qui s'esforcen per fer-la possible. I en aquest sentit, si es vol atreure la bona fortuna, una actitud que cal desenvolupar és, sense cap mena de dubte, la que podríem resumir en preguntes del tipus «I per què no? Què hi puc perdre?».

Desenvolupar l'hàbit proactiu de provar alguna cosa que sembla un disbarat, gens convencional o fins i tot una ximpleria, davant d'una dificultat aparentment insalvable, sol ser crucial per desencallar situacions impossibles.

Fa uns anys, la mestra de la meva filla la va començar a introduir en l'enrevessat món de les fraccions i ho va fer mitjançant dibuixos: per representar 3/8, per exemple, dibuixava un rectangle 4 x 2 i n'acoloria tres quadrets. Si a la quantitat indicada havia de sumar-hi, posem per cas, la de 7/9, llavors al costat del rectangle anterior en feia un altre de 3 x 3, i en pintava set quadrets. Després la mestra li ho explicava, i arribava a la conclusió que sobre 17 caselles blanques possibles (8 + 9) n'havia ressaltat nou (2 + 7) i que, per tant, el resultat de l'anterior addició era 9/17...

Recordo que, preparant amb la Marta l'imminent examen de fraccions, vaig tenir una feliç premonició basada en proves anteriors: el full d'enunciats, amb els buits corresponents per posar-hi les solucions, sempre era un full sense quadricular. Instintivament vaig imaginar la meva filla sola davant el perill, intentant inventar rectangles en un full en blanc, amb els seus encara escassos dots per al grafisme, i fent-se un embolic de por...

En un acte d'audàcia, vaig arrencar un full quadriculat i sense res escrit del quadern d'anotacions i li vaig aconsellar que el portés a l'examen i que l'utilitzés per resoldre els exercicis de fraccions tal com els havia preparat a l'escola i a casa:

—Marta —li vaig dir—, tingues aquest full al costat de l'enunciat, i si no t'hi aclareixes, dibuixa-hi els problemes.

—Pare —va respondre—, no em deixaran tenir-lo damunt la taula.

—I per què no? Quin mal hi ha a tenir un esborrany en el pupitre sense cap anotació?

Tot seguit, li vaig donar un consell que amb el temps s'ha convertit en un bumerang:

—Mira Marta, si la mestra et crida l'atenció, et disculpes amb educació i santes pasqües. Recorda que en la vida és més fàcil demanar perdó que demanar permís.

Va superar amb èxit la prova en un exemple emblemàtic que la fórmula «I per què no?» és una estratègia molt útil per generar sort, però avui m'adono que potser mai no li hauria d'haver donat aquell consell perquè ara, quan fa alguna cosa que gairebé frega el límit de la legalitat familiar i li recrimino que no ens hagi consultat abans sobre la conveniència o no de dur-la a terme, la Marta es defensa, amb un irònic somriure per sota el nas, dient:

—Però pare, si vas ser tu mateix qui em va ensenyar que a la vida és més fàcil demanar perdó que demanar permís...

L'únic límit que hem de posar a la tècnica «I per què no?» és el que els economistes anomenem el «cost d'oportunitat», és a dir, allò que en dur a terme una hipotètica acció podríem deixar de guanyar o, fins i tot, arribar a perdre o altrament dit: si el preu a pagar no és rellevant, intentem «I per què no?».

Cremar les naus

La majoria de les coses importants d'aquest món han estat aconseguides per aquells que ho han seguit intentant quan gairebé semblava que ja no hi havia cap esperança d'aconseguir-ho.
DALE CARNEGIE

Una característica que suposa portar al límit l'actitud abans descrita, i que he observat en coneguts i amics que atreuen la bona sort, és que la majoria dels seus agosarats projectes no solen incloure el que en l'ortodòxia del management s'anomena *pla B*, és a dir, un pla de contingències per si les coses es torcen en part o completament. No obstant això, de vegades aquesta negligència lògica de no tenir previst un *pla B* s'erigeix en una estratègia mental favorable. Crec que és prou coneguda la ineficàcia de missatges com «Mai no pensis en un elefant rosa» perquè, si intentem estar preparats per al pitjor dels casos, llavors en realitat el que estem fent és centrar involuntàriament la nostra ment en la mala sort, la qual cosa focalitza el nostre inconscient en la desgràcia.

Un cas extrem de manca de *pla B* seria la que podríem anomenar «estratègia de cremar les naus»[13] que consisteix a eliminar del tot la possibilitat de retirada i obligar-nos per tant a persistir, vulgues no vulgues, fins al final.

13. Se sol emprar aquesta expressió en record d'Hernán Cortés, que, després d'haver desembarcat a Mèxic i veient el gran desànim dels seus homes, que no volien altra cosa que tornar a casa, va decidir cremar les naus de manera que ara ja només podien vèncer o morir, però no tornar.

Per atreure la bona sort generant oportunitats, també és força interessant actuar com si ens quedés poc temps de vida. Com va dir Steve Jobs (el fundador d'Apple Computers) en el seu discurs de l'any 2005 durant la cerimònia de graduació a la Universitat de Stanford:

> «Recordar que moriré aviat és l'eina més important que mai hagi trobat per ajudar-me a prendre grans decisions en la meva vida. Perquè pràcticament tot, les expectatives dels altres, l'orgull, la por al ridícul o al fracàs, tot, s'esvaeix davant la mort, i llavors només resta allò que és veritablement important. Recordar que morirem és la millor manera que conec d'evitar el parany de pensar que tenim res a perdre. Ja estàs nu. No hi ha cap raó per no seguir el teu cor».

En aquest sentit crec que és emblemàtic el cas d'Anthony Burgess, l'autor de la famosa novel·la *La taronja mecànica,* que l'any 1959 va tenir un col·lapse mentre feia una classe a Malàisia; a Burgess li van diagnosticar un tumor cerebral maligne i inoperable, de manera que estava gairebé sentenciat a mort. Llavors, Burgess es va posar a escriure immediatament perquè la seva muller, Lynne, pogués sobreviure dels drets d'autor quan ell morís: va escriuire cinc novel·les en un sol any! Al final, el tràgic pronòstic no es va confirmar (va morir l'any 1993, després de publicar 50 obres), però la imminència del final va ser, sense cap mena de dubte, una gran font de creativitat i de sort.

Digues «patata»

Riure és la distància més curta entre dues persones.
VÍCTOR BORGE

A la Universitat de Loma Alta (Califòrnia) es va dur a terme un estudi en què es va analitzar la sang d'un grup de persones just abans que veiessin una pel·lícula d'humor, i van tornar a analitzar-los la sang just després de veure-la. Dues hores de riure sense parar van tenir els següents efectes bioquímics: en primer lloc es va produir una disminució rellevant de l'adrenalina i del cortisol (hormones relacionades amb l'estrès); i, en segon lloc, van augmentar significativament les endorfines i la dopamina (hormones del benestar i les defenses del cos).[14] A més, avui està ben demostrat que rebentar-se de riure, activa la intel·ligència i permet controlar les emocions negatives.

Però els beneficis de riure no s'aturen pas aquí, no tan sols perquè com deia el genial humorista Charles Chaplin, «no hi ha dia més perdut que un dia en què no hem rigut», sinó perquè, de més a més, utilitzar el sentit de l'humor és una magnífica estratègia que empren les persones de sort per defensar-se de l'adversitat: riure actua com un potent element de relaxació i facilita recobrar l'equilibri quan tot trontolla. Riure, per altra banda, també ajuda a relativizar les dificul-

14. Com ara l'interferó gamma (antivíric del sistema imunològic); els limfòcits T, que ens defensen de les cèl·lules estranyes; i les immunoglobulines IgA, IgG, IgM, anticossos que prevenen les infeccions.

tats i ens fa descobrir els aspectes positius d'una situació, per molt escadussers que arribin a ser.

Desenvolupar la capacitat de riure, a part de millorar el nostre aspecte en les fotografies (motiu pel qual sovint davant la càmera pronunciem la paraula *patata* que ens fa esbossar una ganyota semblant a un somriure), té un efecte molt poderós en les nostres relacions socials i això és un gran generador d'oportunitats i, en conseqüència, de bona fortuna. Molt sovint, quan hem d'anar a una entrevista, una reunió o a qualsevol esdeveniment, posem molta cura en la roba que portarem i, no obstant això, descurem l'aspecte de la nostra cara, quan, en realitat, l'expressió del nostre rostre és tan important o més que la nostra indumentària. El somriure sincer és una de les carícies no verbals de major benestar per a nosaltres mateixos i per als altres ja que, sense necessitat de paraules, ve a dir: «Vostè m'agrada. M'alegro de veure'l». És més, en l'acte de somriure es mobilitzen gairebé 400 músculs, s'expandeixen els pulmons i fins i tot cremem calories.

El Dr. Mario Alonso Puig, en l'obra que ja hem esmentat abans, explica com va guarir una pacient que de feia ja tres anys patia problemes estomacals que, suposadament, eren incurables: Alonso Puig li va recomanar que a la feina, simplement, somrigués al seu cap, amb el qual estava molt malavinguda i això li provocava una enorme ansietat que, en darrer terme, era la causa real dels seus problemes gàstrics. En aquest sentit, el professor de psicologia James V. McConnel va afirmar que «la gent que somriu tendeix a treballar, ensenyar i vendre amb més eficàcia i a criar fills més feliços. En un somriure hi ha molta més informació que en un gest esquerp».

Per això quan ens trobem amb algú, convé que, abans fins i tot de dir res, el primer que fem sempre sigui un somriure. Recordem un cop més que una de les conclusions de les investigacions del gran psicòleg William James és que «si bé sembla que l'acció segueix al sentiment, en realitat, l'acció i el sentiment van plegats; i si regulem l'acció sometent-la al control directe de la voluntat, llavors també podem regular el sentiment, que no hi està sotmès [...]. D'aquesta manera, si perdem l'alegria, el camí de la voluntat s'obrirà cap a l'alegria i aquest camí consisteix a actuar i parlar amb alegria, com si l'alegria fos ja amb nosaltres».[15] En aquesta mateixa línia, t'has adonat que és impossible utilitzar un to de veu esquerp —és a dir, mostrar que estem enfadats o tristos— i, alhora, somriure?

DIETARI DE BONA NIT I BONA SORT

EXERCICI 7
Practica el neuròbic

En el seu llibre *Mente despierta* el professor de neurobiologia Lawrence C. Katz exposa: «El neuròbic no té res de màgic, el que sí que és màgic és la increïble capacitat que té el cervell de convertir en autoajuda certs tipus d'activitat mental [...]. El neuròbic es recomana com una

15. Apronfudiré més en aquest aspecte a l'apartat «Viu com si...» del capítol 6 «Practica l'optimisme moderat» perquè aquest és, precisament, uns dels elements essencials del meu mètode per aconseguir una vida plena o per atreure la bona sort en la vida i els negocis.

opció d'"estil de vida": introduint simplement petits canvis en els hàbits diaris, podrà transformar les rutines en exercicis per "entrenar la ment"».

Tot seguit reprodueixo set dels exercicis que Katz proposa, i que, a més de ser senzills, tenen una eficàcia científicament provada:

[Per quan comencis o bé acabis el dia]

1. La ruleta del raspallat

Abans de ficar-te al llit renta't les dents i descorda't la roba amb la mà que normalment no domines segons que siguis esquerrà o dretà. «Aquest exercici», diu Katz, «t'obliga a emprar el costat del cervell oposat al que utilitzes normalment».

2. Introdueix novetats

Canvia l'ordre que normalment segueixes en fer les coses; prova de veure un programa de televisió completament diferent; escolta una altra emissora de ràdio; canvia de diari...

3. Plaers auditius

Llegeix a la teva parella fragments d'aquest llibre, i, en acabat, demana-li que sigui la teva parella qui te'n llegeixi uns altres fragments. «Quan llegim en veu alta o escoltem a algú que llegeix, emprem circuits cerebrals molt diferents dels que utilitzem quan llegim en silenci.»

[De casa a la feina o de la feina a casa]

4. Obre camins nous

De tant en tant, quan vagis de casa a la feina i de la feina a casa, prova un camí alternatiu.

5. Socialitza't

Quan posis gasolina i vagis a pagar parla amb l'encarregat de la benzinera. Pren cafè en un bar diferent i parla amb algú de la barra. Coneix gent nova.

[Temps d'oci]

6. Projectes solidaris

Participa amb els teus veïns en algun projecte local.

7. Inicia una afició nova

Segueix el mètode KIMMON®, aprèn grafologia, fes un curs d'informàtica avançada, inicia't en un instrument musical o en un idioma nou...

5.

SEGUEIX EL QUE ET DIU EL COR

Confia en el teu cor; mai no et neguis a escoltar-lo.
El cor és una mena d'oracle personal
que sol predir allò que és més important.
BALTASAR GRACIÁN

Podem definir la intuïció com la facultat d'aconseguir el coneixement sense un pensament ni una inferència racionals, i es caracteritza per una falta de consciència de com s'ha arribat a formular el judici. És, a més, la capacitat d'anar d'un problema a una solució, d'una situació confusa a una explicació lluminosa, no per mitjà de raonaments elaborats, sinó per una drecera ràpida.

En quina mesura utilitza la gent amb sort el seu sisè sentit per prendre decisions rellevants? Com saben que el que han fet o el que faran és correcte o equivocat?

En una enquesta feta pel Dr. Richard Wiseman, i que fou publicada en la seva emblemàtica obra *Nadie nace con suer-*

te, es constata que gairebé el 90% de les persones que es qualifiquen a elles mateixes d'afortunades diuen que solen confiar en la seva intuïció pel que fa a les relacions personals, i un 80% reconeixen que en les seves eleccions professionals la intuïció hi té un paper fonamental.

Així doncs, si tenim en compte aquests resultats, sembla que la correlació entre intuïció i sort és molt intensa, o, si més no, que les persones que es veuen a elles mateixes com a afortunades, quan prenen decisions confien molt en allò que els diu el cor. Ara bé, la pregunta que cal formular-se és: el percentatge d'encerts que obtenen els qui es consideren afortunats i confien en la intuïció, és significativament superior als resultats que aconsegueixen els qui davant d'un problema el pensen i el repensen racionalment?

En una altra investigació, Malcolm Westcott, professor de psicologia de la Universitat de Nova York, es va adonar que alguns individus es feien una composició de lloc més ràpidament que uns altres. Per esbrinar per què era així, va demanar alguns voluntaris que resolguessin determinades qüestions amb el menor nombre de dades possible: la majoria dels participants simplement van intentar endevinar la resposta i, en general, van errar; no obstant això, va haver-hi un reduït percentatge de participants que va trobar les respostes encertades malgrat la poca informació. Llavors Westcott es va preguntar què els diferenciava. I va descobrir que els qui van donar les solucions correctes van combinar les pistes de l'enunciat amb la base de coneixement que els aportaven els seus estudis o la seva experiència. És a dir (va concloure el psicòleg), havien emprat la intuïció. Per tant Westcott es va adonar que les persones es divideixen en dos grups: als uns —els qui s'havien equivocat— el científic nord-americà els va anomenar els cautelosos i als altres —els qui van resoldre correctament els problemes— els va anomenar intuïtius. Segons la investigació, els primers es distingien per ser gent conservadora, que mostrava un gran respecte per l'autoritat, l'ordre i el control, mentre que els segons eren lliurepensadors als quals no els importaven les crítiques i els atreien els desafiaments.

Però potser el que ara ens interessa més és que la conclusió més reveladora a la qual va arribar Malcolm Westcott va ser que els cautelosos actuaven en la vida amb la precaució pròpia dels qui tenen por d'equivocar-se —aquesta por, com hem dit en el capítol anterior, és un entrebanc molt important i molt característic que dificulta la generació de sort—, mentre que els intuïtius s'enfocaven a encertar, sense pensar gaire en els possibles errors intermedis, i això —com veurem en el següent epígraf— és un indiscutible factor de fortuna.

Sents, per tant existeixes

Pot ser que la veritable seu de la intel·ligència no sigui la raó sino el cor.
Un cor intel·ligent i una raó sensible fan un equip imparable.

SANTIAGO ÁLVAREZ DE MON

Imagina't que et trobes davant d'un dilema, una decisió amb oportunitats i riscos i unes conseqüències a llarg termini difícils de predir. El teu cervell preveurà diferents supòsits amb diferents escenaris imaginaris que se t'aniran apareixent de manera desordenada i atropelladament. Com resoldries la situació?

D'una banda, pots utilitzar el teu sentit comú, el teu raonament lògic, obviar les emocions i fer un procés mental racional exempt de passió: considerar totes les possibles accions mitjançant una anàlisi objectiva d'avantatges i inconvenients i intentant triar l'opció que et proporcioni una satisfacció òptima, o, si més no, la que et produirà el mal menor.

Però, per una altra banda, podries analitzar les reaccions del teu cos davant la visualització de cadascuna de les alternatives. «Coneixem la veritat», deia Pascal, «no només per la raó, sinó també pel cor». Les sensacions t'indicaran com a positius o negatius els diferents resultats aportats per cadascuna de les opcions, i així t'allunyaran de les decisions que presentin majors inconvenients o riscos i et faran més atractives aquelles alternatives que et són més profitoses.

Si en la línia dels filòsofs racionalistes, t'inclines per una opció desapassionada, hauràs de tenir molt present les limitacions de la presa de decisions de la lògica formal en l'àmbit de la vida personal. En primer lloc, l'exigència de contemplar exhaustivament la totalitat de camins alternatius a emprendre topa amb la restringida capacitat de memòria i atenció del cervell humà. En segon lloc, suposant que aconsegueixis considerar la multiplicitat de possibilitats que tens, el període de decisió s'allargarà molt per sobre del temps que tens disponible per escollir. I, per acabar, molt probablement et rendiràs sense trobar cap solució plausible, en un clar símptoma del que s'anomena «paràlisi per l'anàlisi».

Els neuròlegs suggereixen que quan ens trobem davant una cruïlla, allò que desequilibra la balança sol ser una emoció. Probablement, si només utilitzéssim el pur raonament, mai no acabaríem de decidir-nos.

El prestigiós professor de teoria sobre la presa de decisions de la Sloan School of Management de l'MIT, Peer Soelberg explica una anècdota personal que li va succeir quan, en finalitzar un curs on havia ensenyat a identificar totes les opcions per anar-les descartant d'una manera racional fins a l'elecció definitiva de la que era l'opció òptima, els alumnes l'assetjaven perquè els aconsellés per quina de les ofertes laborals que se'ls presentaven havien d'inclinar-se. Després d'indicar-los que apliquessin el mètode après, Soelberg va constatar amb un profund sentiment de frustració i neguit, que gairebé tots els estudiants havien desestimat el lent procés de presa de decisions, i havien acabat fiant-se del que els deia el cor, la intuïció.

L'extraordinari llibre *El error de Descartes*, d'Antonio Damasio, relata el cas de Phineas P. Gage: l'any 1848, Gage va tenir un terrible accident laboral que li va destrossar part del seu cervell prefontal, però va experimentar una curació miraculosa, sobretot si es consideren les precàries condicions del tractament mèdic que va rebre. No obstant això, després de recuperar en aparença les seves facultats mentals normals (es movia i parlava com si no li hagués passat res i era capaç de veure-hi, sentir-hi i sentir com sempre), Gage mostrava una personalitat diferent de la que tenia abans de l'accident. En paraules del metge que el va atendre, «Gage era irregular i irreverent, no manifestava la menor deferència cap als seus companys [...], de vegades obstinat de manera pertinaç, però capritxós i vacil·lant». Abans de l'accident Gage havia estat un negociador hàbil i persistent en les seves realitzacions, la qual cosa va fer que tingués un gran prestigi professional. Ara, però, per una estranya raó Gage no era Gage: el seu caràcter havia experimentat una alteració inexplicable, semblava no tenir sentiments. Va perdre la feina i va acabar convertit en una atracció en un circ de l'època fins a la seva mort l'any 1861, alcohòlic en un bar de mala mort de Califòrnia.

Des del seu accident, Phineas P. Gage no va fer altra cosa que prendre decisions errònies, malgrat que els seus sistemes de raonament i d'anàlisi no semblava que haguessin quedat afectats per la lesió cerebral. Posteriorment i ja més modernament, s'ha constatat que l'afecció prefontal de Gage (estudiada sobretot en persones a les quals els havien extirpat tumors de zones properes a la que ell tenia malmesa) incidia sobre la seva capacitat emocional, de manera que el seu sistema de decisió es basava únicament i exclusiva en raonaments purs i freds, la qual cosa paradoxalment va arruïnar la seva vida.

Si, per contra, en lloc de fer una anàlisi racional, o si abans de fer-la, tens un sentiment desagradable, sens dubte, et focalitzaràs en les conseqüències negatives de la possible decisió. El senyal del cos apareixerà com una alarma fisiològica que t'advertirà dels riscos i perills futurs.

Fer cas d'aquesta veueta interior farà que, en el pitjor dels casos, tinguis un avantatge ja que reduirà el nombre d'alternatives entre les quals has de triar i t'ajudarà a rebutjar totes aquelles opcions que sentis que són desfavorables. Per tant, aquesta segona manera d'enfocar el dilema no resultarà incompatible amb la primera, ja que sempre podràs fer un balanç d'avantatges i desavantatges de les possibilitats que hagin superat el test somàtic inapel·lable.

Una de les persones amb una intel·ligència matemàtica més gran que conec és el meu pare. Tot i que no ha fet els estudis específics d'aquesta ciència, ja de petit he vist com el pare resolia problemes numèrics d'una gran dificultat amb una rapidesa extraordinària i encara fins fa relativament poc temps, amb vuitanta-cinc anys, ho seguia fent. Un dia, mentre dinàvem li vaig proposar la següent endevinalla: «La meitat de dotze és set; com ho explicaries?». Ell es va posar a pensar i va esclafir a riure: «M'estàs prenent el pèl: la meitat de dotze, estimat Joaquim, és sis». Va fer un mos de verdura, i jo li vaig tornar a dir: «No, no. La meitat de dotze és set, i aquí no hi ha cap trampa».

El pare va posar els ulls com si mirés l'infinit i pocs segons després, somrient i satisfet va dir: «Ja ho tinc! Amb nombres romans: si partim XII horitzontalment per la meitat surt VII». Un cop més... m'havia guanyat.

Però la vegada que el pare em va impressionar més va ser quan el meu avi o sia, el seu sogre, li va proposar el problema següent: «Has d'emplenar un tauler 3 x 3 amb els nombres de l'1 al 9, de manera que totes les files, totes la columnes i les dues diagonals sumin 15.

El meu pare va agafar el llapis i la goma d'esborrar i va dibuixar un quadrat amb cel·les com el següent:

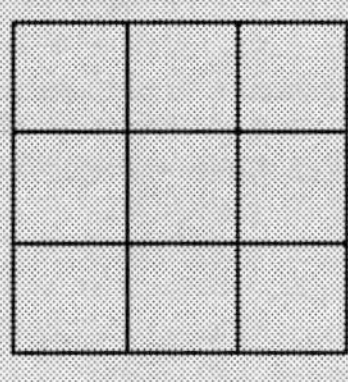

Va començar a «jugar» posant nombres més o menys a l'atzar, fins que en una mena d'intuïció que ignoro d'on li sorgeix, va veure per on anaven els trets i va concloure: «És evident que a la casella central hi ha d'anar un 3 o un 5, i crec que m'inclinaria més per aquest últim». Ho va dir amb tanta seguretat que no vaig tenir el més petit dubte que havia trobat el camí correcte. I en efecte, pocs segons després, va presentar la següent solució:

2	9	4
7	5	3
6	1	8

Els éssers humans contínuament prenem decisions, i per a això ens basem en el judici que ens fem de cada situació. Després de rumiar durant un temps prudencial, arriba un moment en què les persones sentim quina és la decisió que hem de prendre. Potser sabem el què, però desconeixem el per què.

En un estudi dut a terme a la Universitat d'Àmsterdam pel psicòleg G. Dijksterhuis, es va evidenciar que pensar de manera excessiva sobre un mateix problema fa que, finalment, es prenguin decisions incorrectes. En paraules de l'esmentat científic: «El nostre inconscient maneja millor les decisions més complexes. Mentre que la majoria de les persones compren felices un nou joc de tovalloles sense pensar-ho gaire, és poc probable que comprin una casa o un cotxe nous sense pensar-s'hi molt». Treballant amb un grup d'estudiants voluntaris, Dijksterhuis i els seus col·legues els van demanar que, entre quatre cotxes que els van proposar, triessin el seu preferit basant-se en una sèrie de quatre atributs, inclosos el consum de benzina i l'espai per als passatgers. Els va donar uns minuts per pensar-s'ho i la majoria va optar pel cotxe que tenia més avantatges. Quan Dijksterhuis va afegir complexitat al seu experiment —els va demanar que ara optessin entre dotze atributs—, només van encertar en la decisió correcta un de cada quatre nois. Resulta curiós, en aquest sentit, que quan després de mostrar-los els models els investigadors distreien als participants de l'estudi (els feien resoldre endevinalles, per exemple, abans de demanar-los que prenguessin la decisió) el percentatge d'encert es va doblar. La conclusió del psicòleg neerlandès va ser que «els qui s'ho rumiaven més feien una millor elecció quan es tractava de productes simples, mentre que quan es tractava de productes complexos els més despreocupats prenien millors decisions». La dificultat de deliberar conscientment rau en el fet que una persona només és capaç de concentrar-se en poques coses alhora.

Els mètodes analítics, en contraposició als intuïtius, impliquen gairebé sempre una simplificació de la qüestió tractada, i ineludiblement es veuen abocats a menysprear en tota la seva magnitud el complex context de la situació o del problema, de manera que els judicis que s'emeten amb el sisè sentit, encara que no es fan amb la rigorositat del raonament lògic, tendeixen a imposar-se en la presa de decisions. El famós matemàtic del segle XIX Henri Poincaré afirmava sobre els descobriments que realitzava que «amb la lògica demostrem, però amb la intuïció descobrim».

Segons el neuròleg portuguès Antonio Damasio, que ja hem esmentat anteriorment, la vida psíquica és el resultat d'un esforç permanent de simbiosi entre dos cervells: d'una banda, el neocòrtex, conscient i racional; i, d'altra banda, el sistema límbic, emocional, inconscient i connectat amb el cos. Aquests dos cervells són relativament independents, i cadascun d'ells contribueix de manera molt diferent a la nostra experiència de la vida i al nostre comportament.

El cervell límbic pren permanentment la informació que li arriba del cos: les emocions humanes són l'experiència conscient de les reaccions fisiològiques dels sistemes biològics.

Tot i que el sistema límbic és una mena de cervell dins del cervell, aquest sistema manté més relació amb el cos que no pas amb el neocòrtex, i per això és més senzill actuar sobre la nostra intel·ligència emocional a través del cos que mitjançant el llenguatge.

En conseqüència, els éssers humans posseïm un mecanisme molt adequat per esbrinar la qualitat de les nostres decisions: les sensacions (ja siguin de benestar o de malestar) que experimenta el nostre cos. Quan necessitem prendre una determinada decisió, hem d'interpel·lar el nostre cor per esbrinar què hem de fer. «El cor té raons», deia Pascal, «que la raó desconeix». La resposta arribarà ineludiblement en forma de sensació.

Educa la teva intuïció

Fia't més de les forçes intuïtives del teu interior,
no facis gaire cas de les influències externes
i aprèn a escoltar la suau veueta que hi ha dins teu.
EDGAR CAYCE

Un alt percentatge de les persones afortunades es refia de la seva intuïció, el seu inconscient les mou a actuar d'una manera correcta i elles han après a tenir-ho en consideració. L'inconscient de l'ésser humà presenta una excel·lent habilitat per captar patrons de conducta i produir reflexos intuïtius d'acceptació o de rebuig.

Sorprèn en aquest sentit la gran agudesa i la gran fiabilitat de la intuïció que tenen les persones amb sort, que la presenten com si es tractés d'una capacitat innata. Però, com ja he indicat més amunt, la intuïció humana és, d'una banda, susceptible de ser educada, la qual cosa disminuirà l'inevitable percentatge d'errors que ens fa cometre; i, per altra banda, la intuïció es pot desenvolupar, cosa que vol dir que en primer lloc, podem augmentar la nostra confiança en ella, i en segon lloc que podem incrementar el percentatge d'encerts.

Per desenvolupar una psicologia de persona afortunada, s'ha de confiar en la veu interior, a desgrat que escoltar-la no vol pas dir que l'haguem d'obeir a ulls clucs. La intuïció suggereix una interpretació d'una situació, inspira decisions. Un cop sabem allò que ens diu el cor, també és important acarar-ho amb el que ens diu la lògica i comprovar si la solució intuïtiva és prou eficaç i eficient.

Una estratègia per augmentar la meva intuïció en diversos àmbits ha estat posar-me en el lloc de l'altre i imaginar «si jo fos ell, què faria?». Aquesta tècnica, sovint utilitzada de forma inconscient, ha estat sempre molt útil als estudiants perquè els permet endevinar gran part de les preguntes que després entren en els exàmens.

En el meu cas, potser l'ocasió en què vaig treure més partit d'aquesta habilitat humana va ser quan vaig decidir idear un mètode perquè persones de qualsevol edat poguessin resoldre sudokus de dificultat màxima sense necessitar tenir abans cap facilitat específica pels nombres.

Tal com exposo en el meu llibre *Sakasudoku: el método más fácil y cómodo de «sacar» sudokus* (Banzai, 2007), vaig decidir escriure aquest manual perquè quan baixava amb tren des de Sant Quirze, on visc, fins a Barcelona, on es troba el meu centre de formació universitària, veia diverses persones que, abans d'acabar els jeroglífics numèrics, els abandonaven. Jo, en principi no tenia cap interès pels sudokus, però em semblava que cada sudoku que quedava inacabat era, per als qui se sentien incapaços de resoldre'l, com una una petita derrota personal, un cop en tota la línia de flotació de l'autoestima.

Recordo que un dia, a l'hora del cafè de mig matí, vaig agafar el diari i vaig decidir familiaritzar-me amb les regles del joc, però sense cap afany de fer-lo. El meu objectiu era idear (com diu el subtítol del llibre que vaig publicar poc temps després) un mètode fàcil d'aprendre i còmode d'implementar, per tal que persones de qualsevol edat i condició tinguessin una eina infal·lible de resolució.

Em vaig posar en la pell dels qui els creaven i vaig intentar imaginar com els devien inventar. Quan el cambrer em va apropar el plateret amb el compte ja havia dissenyat mentalment el tauler Sakasudoku®. Aquella mateixa tarda vaig dibuixar la meva visió en una cartolina, i havent sopat vaig ensenyar a fer sudokus a la meva dona, que, dit sigui de pas, sentia i sent una fòbia paralitzant davant els nombres.

Ni abans, ni durant, ni després de la redacció del manuscrit vaig perdre ni un segon resolent cap d'aquests jeroglífics matemàtics. Només em vaig dedicar a crear-los intuint com ho devien fer els autèntics professionals. Va ser, ho confesso, la meva esposa qui, en una prova irrefutable de cooperació i del fet que el mètode sakasudoku és eficaç, va trobar les solucions que apareixen al final del llibre de sudokus.

Inicialment, la sort es fonamenta en el fet d'haver estat capaç de captar totes les dades necessàries amb una actitud insubornable d'oïdes i ulls ben oberts i, després d'haver-les memoritzat, tot seguit, haver-les digerit, sintetitzat i deixar-les reposar en el nostre subconscient, fins que hagin de ser rescatades quan calgui prendre una decisió encertada. La intuïció eficaç es nodreix, no ho oblidem, d'una curiositat insaciable.

Arribat a aquest punt, però, crec que cal insistir un cop més en què de la mateixa manera que les decisions preses basant-se en el que, parafrasejant a Kant, podríem anomenar la «raó pura» tenen també les seves limitacions, i condueixen ineludiblement al fracàs. Doncs bé, cal saber que, de vegades, seguir la veueta del cor també pot resultar desastrós.

La causa d'això rau en el fet que les persones naixem, per dir-ho d'alguna manera, amb una maquinària neuronal de sèrie o primària per fer que el cos reaccioni fisiològicament davant determinats estímuls, de manera que s'aparellin una gran quantitat de situacions socials tipus amb respostes somàtiques. Però, a més, aquesta citada maquinària neuronal s'amplia molt significativament al llarg de la infància i l'adolescència, i mai no deixa d'ampliarse i desenvolupar-se fins que morim, de manera que tota la vida és un procés d'aprenentatge continu. Si el cervell funciona correctament i el procés de socialització és adequat, llavors l'individu desenvolupa un potent mecanisme de decisió que no es basa en la racionalitat. Ara bé, no obstant això, no és gens fàcil jutjar l'ambient cultural en el qual hom ha estat immers des que va arribar al món, ni si les experiències viscudes han permès esculpir una intuïció correctament educada. L'adquisició d'aquesta intuïció secundària s'haurà produït amb la supervisió d'un sistema intern de preferències (evitar el dolor, buscar el plaer...) i una gran quantitat de circumstàncies exteriors, que van des dels esdeveniments experimentats fins a les convencions morals de la societat en què s'hagi viscut. I és aquí on es poden haver establert associacions errònies.

Imaginem-nos ara un ratolí de laboratori que cada cop que s'apropés a un tros de formatge manipulat rebés una descàrrega elèctrica. Sens dubte el ratolí relacionaria ben aviat aquest aliment amb una sensació corporal desagradable i el rebutjaria, encara que posteriorment el formatge li fos presentat de forma saludable. De la mateixa manera, l'ésser humà no sempre és capaç d'interpretar correctament les seves experiències somàtiques. Així, per exemple, suposem que a un nen a classe de matemàtiques el mestre l'estomaca sempre i de manera continuada; evidentment aquest nen, de gran, tindrà una clara aversió subjectiva cap a aquesta assignatura.

Si es desitja atreure bona sort és fonamental confiar en la pròpia intuïció, però també és important educar-la per no caure en la complicada xarxa del cor. En aquest sentit, per exemple, resulta interessant analitzar de tant en tant els nostres somnis perquè, de vegades, l'inconscient es manifesta a través d'ells. Però en la majoria dels casos els somnis poden conduir a una persona a pronòstics falsos, com a resultat del còctel perillós que pot obtenir-se en la ment subconscient entre desitjos, pors i supersticions. Una persona ha de posar sempre en dubte allò que el cor li diu i que es correlaciona amb els seus anhels, ja que pot comportar decisions arriscades. També és interessant escoltar el cos, atès que generalment les sensacions, per exemple en forma d'un pessigolleig en l'estómac, ens parlen. Finalment, cal saber detectar i analitzar les coincidències significatives o sincronicitats perquè ens poden resultar inspiradores.

En el seu magnífic llibre *Educar la intuición: el desarrollo del sexto sentido*, el professor Robin M. Hogarth mostra com en les nostres decisions diàries la lògica exerceix un paper important, però arriba a un punt en què la decisió se sent i aquest és el moment en què entra en joc la intuïció. Hogarth demostra que el percentatge d'encerts és superior en aquelles persones que s'han acostumat a escoltar el seu cor, o que han decidit entrenar el seu sisè sentit. Aquest autor defensa també que la intuïció és un component habitual i essencial del pensament humà, i que pot educar-se a través d'exercicis concrets, i augura per a qui els realitzi un increment de fortuna, benestar i èxit.

Els individus de personalitat afortunada probablement s'han beneficiat d'un millor procés de formació de la seva intuïció, la qual cosa els permet que quan són ja adults puguin fer associacions inconscients correctes, de manera que el que senten com a desagradable es correspongui realment amb alguna cosa que acabaria essent negativa, i que allò que ells senten com a desitjable es correlacioni amb allò que, amb tota seguretat, representarà una oportunitat o un avantatge per a ells.

DIETARI DE BONA NIT I BONA SORT

EXERCICI 8
Escolta la teva veu interior

Has de fer aquest exercici cada vegada que hagis de triar entre dues o més opcions. Per exemple, imagina't que t'estàs plantejant deixar la feina. Per descobrir el que realment sents sobre cadascuna de les opcions, agafa el teu kit d'escriptura i un bolígraf, i escull una de les opcions. Ara, escriu la teva decisió en un paper, just abans de ficar-te al llit. Si la teva decisió és, posem per cas, acomiadar-te de l'empresa, redacta la teva renúncia i vés a dormir.

L'endemà, rellegeix la carta i analitza les sensacions. Ara el teu cos et dirà si has de deixar la feina o si convé que, de moment, no presentis la teva renúncia.

La clau, com sempre, és escriure la carta amb el major realisme possible, just abans d'anar-te'n al llit, per fer que durant la nit el teu subconscient vagi madurant la decisió.

6.

PRACTICA L'OPTIMISME MODERAT

Per ajudar-nos a acceptar el que és inacceptable podem visualitzar la vida com un tapís immens i esplèndid: si mantenim el nas enganxat en allò que ens és més present del tapís, llavors no podem veure el conjunt —de vegades ni tan sols podem veure aquesta part clarament. Doncs bé, quan passa alguna cosa que creiem que és inacceptable, podem veure de quina manera encaixa en el patró de la nostra vida i confiar que, quan ens n'apartem una mica i vegem el conjunt, llavors aquesta situació, d'alguna manera, aportarà alguna cosa al nostre creixement i farà que la bellesa de tot el tapís sigui encara més evident.

SUE PATTON THOELE

Els investigadors de la psicologia de l'esport han descobert que, per regla general, en les proves d'atletisme o natació, els qui obtenen la medalla de bronze solen sentir-se inicialment més satisfets que els que obtenen la de plata, ja que els de la medalla de bronze es comparen amb el quart classificat, que no ha pogut aconseguir cap medalla, mentre que els subcampions es comparen amb els guanyadors. Cal destacar que, tot i que ha aconseguit un resultat pitjor, el tercer, que ha aconseguit el bronze, viu el desenllaç de la prova com si hagués tingut bona sort perquè ha aconseguit situar-se entre els tres primers, mentre que el de la medalla de plata pensa en la mala fortuna que li ha impedit aconseguir la victòria total i ser el primer.

La constatació anterior, que té una base científica, ens ha de portar a pensar seriosament si la bona estrella que alguns estan convençuts de tenir, en realitat, no és altra cosa que la capacitat de veure en positiu els fets esdevinguts, és a dir, que la bona estrella sigui en realitat la capacitat de comparar el que hem assolit amb uns altres resultats que haurien pogut ser molt pitjors més que no pas comparar el que hem aconseguit amb unes expectatives massa altes o desmesurades. Es veu que les persones afortunades, cada cop que experimenten l'infortuni, pensen que podria haver estat molt pitjor. En aquest sentit resulta colpidor i enormement emblemàtic el testimoniatge del ja desaparegut actor Christopher Reeve, que després d'haver sofert l'accident que el va deixar paraplègic va dir: «Tinc sort. Si els auxiliars mèdics no haguessin arribat tan ràpidament, si hagués arribat a l'hospital i la doctora Jane no hi hagués estat, si hagués tingut un cirurgià menys brillant i si hagués anat a competir a Vermont i hagués tingut la mateixa lesió, no hauria sobreviscut». En aquesta mateixa línia, és commovedor el relat pòstum i extraordinàriament optimista d'Eugene O'Kelly, ex-director als Estats Units de la prestigiosa consultora internacional KPMG, que va morir el 10 de setembre del 2005. O'Kelly va anar al metge en principi per un examen rutinari però poc després va rebre el diagnòstic esborronador d'un tumor cerebral incurable. En el seu emotiu llibre *Momentos perfectos*, O'Kelly qualifica la notícia de «regal», i diu que se sent «afortunat» en comparació amb les persones que moren de sobte sense poder gestionar la seva pròpia mort, i amb aquelles el sofriment de les quals en el tram final de les seves existències els impedeix traspassar amb dignitat, i és que a ell els metges li van garantir que no patiria cap dolor durant els tres mesos de vida que li restaven...

Se m'acut que a les persones que en les enquestes es qualifiquen de desafortunades en realitat el que els passa és que tenen la dissort de veure el costat negatiu de les coses, de comparar-se sempre amb uns altres resultats possibles però molt superiors; tenen la dissort de pensar que tot hauria d'haver estat millor. Això les fa sentir desgraciades i els confirma en la creença absurda de ser malastrugues.

Per contra, les persones que es consideren amb sort solen treure importància a les circumstàncies negatives i sovint es comparen amb els qui davant d'una realitat semblant han sortit més mal parats, i consideren, a més, que, tal vegada, la llimona d'avui demà serà una esplèndida llimonada i fan seva aquella dita que diu que «d'un gran mal en surt un gran bé».

Creure és crear

Un home és allò que ell creu que és.
ANTON TXÉKHOV

La sort arriba després de les bones expectatives. En el moment en què algú es compromet definitivament, comencen a succeir-li tota mena de coses que, en cas contrari, mai no haurien succeït. De la decisió ferma en sorgeix tot un torrent d'esdeveniments que susciten —a favor d'un mateix— tota mena d'incidents, reunions i assistència material, que ningú no podria haver somiat que li ocorreguessin.

La bona disposició per comprometre's procedeix de tenir l'expectativa que si un ho fa així, tot sortirà perfectament.

Les persones que es consideren desafortunades quan van mal dades, inconscientment es recreen en la seva mala sort, mentre que la gent amb estrella, davant dels successos adversos, passen pàgina de seguida, s'obliden de l'esdeveniment puntualment desgraciat i es concentren en l'avenir. Aquesta manera tan diferent d'encarar la realitat té importants conseqüències emocionals, ja que quan l'ésser humà se sent millor es concentra en allò de positiu que tenen les coses, i al seu torn, aquesta sensació de benestar retroalimenta els records que, a la llum del bon humor, relativitzen la seva possible adversitat; però també passa a l'inrevés: quan vivim sempre amb cara de pomes agres com si estiguéssim permanentment enfadats, llavors la memòria s'enfosqueix i el passat es tenyeix de negre. Menysprear els aspectes negatius de la pròpia biografia i centrar-se sobretot en els moments en què les coses ens han anat bé genera a més una perspectiva favorable del futur, cosa que ens encoratja a emprendre noves accions, perquè s'espera que aquestes noves accions resultin reeixides. En aquest sentit, el prolífic escriptor brasiler Paulo Coelho, en una de les seves famoses frases, sentencia amb raó que «només una cosa fa impossible un somni: la por de fracassar».

I, de fet, es veu que és exactament això el que ens diuen les investigacions dutes a terme per Albert Bandura, professor de la Universitat de Stanford, i per C.R. Zinder, docent de la Universitat de Kansas: tots dos han constatat que la convicció d'aconseguir els objectius que ens proposem, l'esperança que, finalment, trobarem la manera de dur-los a terme, són fonamentals per desenvolupar l'obstinació necessària i aconseguir-los, fins al punt que, per Zinder, el fet de tenir expectatives favorables és un ingredient absolutament necessari (encara que no suficient) per aconseguir la determinació que ens impulsa a perseguir el que desitgem.

És prou conegut el cas d'un destacament militar hongarès que es va perdre als Alps i va aconseguir tornar al campament gràcies a un dels soldats, que va trobar un mapa que els va portar a emprendre la ruta encertada, tot i que, a posteriori, es van adonar que el mapa no era dels Alps, com havien cregut, sinó dels Pirineus!

Esperar tenir bona sort, encara que l'expectativa sigui infundada, com va ser el cas dels militars extraviats, ajuda les persones moderadament optimistes a atreure la bona sort, ja que això els permetrà transformar les dificultats que davant dels reptes sempre poden sorgir sia a curt o a mitjà termini, i tendiran a persistir en l'obstinació una vegada i una altra. La gent afortunada actua i insisteix, la qual cosa contribueix a minimitzar la probabilitat de fracàs, perquè, com deia molt bé Nietzsche, «l'esperança és un estimulant vital molt superior a la sort».

Ara bé, cal advertir que les expectatives optimistes de guanyar en jocs d'atzar són falses (com a professor d'estadística puc assegurar que la màxima probabilitat d'obtenir la major quantitat de diners possibles sempre la té qui organitza el joc), i, a més, són irrellevants en el desenllaç, de manera que les expectatives no influeixen de cap manera en el resultat final. En el joc, les expectatives no són altra cosa que la veueta del cor que no es basa en la intuïció sinó simplement en la il·lusió, de la qual sempre hem de desconfiar. No obstant això, la nostra vida no és pas un bingo, i aquí, si tenim les aptituds personals i mentals adequades, i duem a terme les estratègies correctes, esperar que el futur ens ofereixi benestar i èxit sí que pot contribuir a cantar línia, o a completar el cartró abans que ningú.

No tinguis por

El valent no és pas aquell que no té por
sinó el qui és capaç de vèncer-la.
NELSON MANDELA

El sentiment oposat a l'esperança, deia el gran filòsof holandès Baruch Spinoza, és la por, i encara que l'autor del *Tractatus theologico-politicus* desconfiava tant de l'una com de l'altra, ens adverteix encertadament dels efectes perniciosos que pot tenir la por en la capacitat creativa dels qui la pateixen.

En el seu interessantíssim llibre *El cerebro emocional*, Joseph LeDoux, professor de neurobiologia de la Universitat de Nova York, màster en ciències i doctor en Filosofia, i membre de la Society of Neuroscience, explica que la poderosa influència de la por en la raó és causada pel fet que de l'amígdala cerebral parteixen moltes més vies de comunicació cap al neocòrtex que en sentit contrari.

Ara bé, no podem pas oblidar que, com ja hem dit abans, la funció més important de l'amígdala és estar a l'aguait de possibles amenaces, comportant-se com un sentinella mental que escodrinya totes les percepcions i que està pendent de possibles perills. Davant d'una situació de risc, l'amígdala reacciona a l'instant enviant missatges urgents a cadascun dels centres fonamentals del cervell.

Les teories clàssiques de la neurociència sostenien que eren els òrgans sensorials els qui transmetien senyals al tàlem i, des d'aquí, a les regions encarregades de processar aquestes impressions sensorials. En el neocòrtex, els senyals s'interpretaven i des d'aquí s'enviaven al sistema límbic, d'on les vies eferents irradiaven les respostes apropiades a la resta del cos.

La novetat de les investigacions del Dr. LeDoux rau en el fet que ha descobert l'existència de vies nervioses per a les emocions més intenses i primitives, que simplement no arriben a processar-se en l'escorça cerebral. Aquesta drecera permet a l'amígdala rebre estímuls directament dels sentits i emetre una resposta abans que el cervell cognitiu hagi tingut temps per processar-los, i explica els nostres comportaments irracionals en situacions de pànic real o figurat.

I per si això fos poc, el descobriment més inquietant de Joseph LeDoux és que un percentatge significatiu dels nostres records de pors instal·lats en l'amígdala són inesborrables. Des d'un punt de vista evolutiu, la utilitat d'aquesta memòria de temors perenne és evident per recordar perills reals apresos en la nostra infància, com ara no apropar la mà al foc o que no hem de ficar els dits en un endoll. Però, alhora, aquesta mateixa memòria té efectes col·laterals indesitjats: quan, per exemple, en una situació actual objectivament neutra evoquem una experiència pretèrita similar però de caràcter amenaçador, llavors en aquest cas ens agafarà un pànic inconscient, irracional i irresoluble.

L'excel·lent escriptor nord-americà Mark Twain va dir en una ocasió que ell, al llarg de la seva vida, havia passat per coses veritablement difícils «i algunes d'aquestes coses realment van succeir». En aquest sentit, està demostrat que només un 2% de les fatalitats que pensem que ens poden esdevenir passen realment, amb la qual cosa el que succeeix és que l'energia que gastem preocupant-nos i protegint-nos de la resta, el 98%, és un malbaratament absurd. I el preu que es paga per tenir pors injustificades és molt alt.

Aldous Huxley, premi Nobel de Literatura i autor d'*Un món feliç*, ens ho advertia poèticament: «La por no tan sols expulsa l'amor, també la intel·ligència, la bondat i tot pensament de bellesa i veritat, de manera que, al final, només queda la desesperança silenciosa. La por arriba fins i tot a expulsar de l'home la mateixa humanitat». En aquesta mateixa línia, resulta paradigmàtic l'estudi realitzat per Raj Sisodia, Jag Sheth i David Wolfe amb seixanta importants organitzacions empresarials nord-americanes. Sisodia, Sheth i Wolfe van mesurar la correlació que hi havia entre l'estil de direcció de l'empresa i els resultats financers. Les seves conclusions evidencien que les empreses amb una gestió basada en el temor dels empleats obtenen beneficis cinc vegades inferiors respecte d'aquelles altres empreses que utilitzen principis d'administració fonamentats en el respecte i la lleialtat.

Tu pots ser el teu propi heroi

El desig de ser un mateix és heroisme.
ORTEGA I GASSET

El famós filòsof anglès Thomas Hobbes deia: «El dia que jo vaig néixer, la meva mare va parir dos bessons: jo i la meva por»; i en clau més humorística, Woody Allen, el gran cineasta nord-americà, deia: «La por és el meu company més fidel, mai no m'ha enganyat per anar-se'n amb un altre». Però si bé no hi ha ningú que es deslliuri de sentir basarda davant d'algunes situacions que ens trobem en la vida o de sentir-se angoixat en determinats moments o de patir per un futur incert, la qüestió que ens hem de plantejar és la següent: les persones amb sort i les que estan convençudes de no tenir-ne, gestionen el temor de la mateixa manera?

Potser la diferència rau en el fet que una cosa és tenir por i una altra de ben diferent és ser un covard: les persones de sort tenen exactament els mateixos temors que les que no tenen sort; ara bé les persones que tenen sort no es deixen pas acovardir. Per tant, potser el que les distingeix sigui el coratge; es tracta de sobreposar-se a la por, d'actuar malgrat la por.

En la seva interessant novel·la *El valor del samurai*, Josep López Romero, *coach* d'autors novells, comunicador i escriptor, presenta un protagonista que és agent de Borsa i que es passa el dia comprant i venent accions de grans empreses però que, alhora, resulta que és incapaç d'esgarrapar uns minuts per comprar pa, llet i ous, i que un dia, de cop i volta, pateix (amb nocturnitat i traïdoria) una greu crisi de pànic. L'agent de borsa va al metge i aquest li diagnostica que és víctima d'una epidèmia i l'adverteix que es tracta d'una malaltia molt complexa «ja que cada persona la viu d'una manera diferent. El més terrible d'aquesta epidèmia és que la por, que és alhora causa i símptoma, afecta a cadascú d'una manera diferent [...]. És com si fos un virus amb la capacitat de mutar-se no una o mil vegades, sinó tantes vegades com persones ataca». I, finalment, li recepta una cosa insòlita: «hi ha un remei per a això que tens, però no es pot comprar en cap farmàcia, de manera que ho hauràs de cercar en llocs insospitats. T'estic parlant del valor».

Aquesta història em fa recordar l'encertadíssim subtítol (*Un tractat sobre la valentia*) que José Antonio Marina va posar a un dels seu llibres més emblemàtics: *Anatomía del miedo*. Marina dedica els dos últims capítols a parlar del valor i elogia la fortalesa: «La valentia», diu Marina, «es mou en el camp de la intel·ligència creadora que aspira a superar la nostra naturalesa animal, a ballar sobre les nostres pròpies espatlles».

Les persones amb sort senten la mateixa por que les que no en tenen (si no fos així, serien insensates o insensibles); ara bé els qui tenen sort superen i actuen malgrat la por perquè els perills irreals, com el mateix nom indica, no existeixen més enllà de les nostres ments, i els reals es minimitzen si ens enxampen en moviment. I és que, com sosté Giorgio Nardone, «la por és com un fantasma: toca-la i s'esvairà; intenta fugir... i et perseguirà i t'aterrrirà». No es tracta, doncs, de viure sense temor, sinó de deslliurar-se del temor, amb valentia, i així arribar a ser els nostres propis herois.

Viu com si...

Si el teu desig és tenir una qualitat,
comporta't com si ja la tinguessis.
WILLIAM JAMES

L'ésser humà no està dotat tan sols per sobreviure sinó també per *super*viure, és a dir que està dotat per actuar per sobre de les seves realitats aproximant-se al límit de les seves possibilitats. Aspirem a projectes existencials nobles que primer ens imaginem en les nostres ments, i després, a poc a poc, anem duent a terme. La casa on vivim, primer va ser un somni forjat en la ment d'un arquitecte, després es va plasmar en un plànol, i finalment, l'edifici es va aixecar per sobre del sòl, desafiant les lleis de la gravetat. Doncs bé, per *super*viure hem d'agafar-nos a missions que ens transcendeixen, perquè, com diu Viktor Frankl, que va aconseguir sobreviure en un camp d'extermini nazi, «l'home necessita esforçar-se i lluitar per una meta que valgui la pena».

En el reeditat i citat *L'art de la guerra*, escrit pel general Sun Tzu l'any 500 aC, es pot llegir que «abans del combat el vencedor ja ha guanyat»: si una persona desitja arribar a ser afortunada ha de començar a ser-ho dins del seu cap; s'ha de convèncer que en realitat ja és una persona afortunada. «L'esperança», escriu Laurie Beth Jones, «llaura i obre un camí perquè l'univers arribi fins a una porta. En fer-ho es converteix en profètica, ja que ajuda a crear el futur». I a més pot generar-se un cercle virtuós de creences que es reforcen les unes a les altres, ja que si es té sort en alguna de les expectatives, es potencia el convenciment que en la propera ocasió l'atzar ens tornarà a somriure.

I tot això és gràcies al fet que l'esperança de tenir bon resultat augmenta el compromís amb l'objectiu, i d'aquí sorgeixen tot un seguit de successos aparentment casuals que permeten, fet i fet, aconseguir el resultat, amb la consegüent sensació de tenir bona sort.

Però, em puc convèncer que sóc un tipus amb sort quan de fet em considero una persona que arrossega malastrugança?

Avui, en psicologia, és molt coneguda l'anomenada síndrome de Moebius, una anomalia congènita que provoca la incapacitat de gesticular amb els músculs de la cara, la qual cosa fa que qui la pateix mostri sempre una expressió neutra en el seu rostre. El curiós d'aquesta patologia és que l'esmentada paràlisi facial impedeix que qui la pateix senti emocions senzillament perquè la seva malaltia física no li permet expressar-les.

El psicòleg Richard Wiseman, en el seu últim llibre: *59 segundos: piensa un poco para cambiar mucho*, exposa un estudi que va consistir a demanar a un grup de persones que es concentressin en una pantalla d'ordinador on es veien una sèrie de productes que es movien. Els participants en l'experiment havien de dir si aquells productes els semblaven atractius o no. Alguns dels articles es movien verticalment (fet que semblava obligar els participants a assentir amb el cap quan els observaven), mentre que uns altres ho feien horitzontalment (cosa que els feia fer un moviment semblat a la negació). Els participants van triar els productes de desplaçament vertical, ignorant que els moviments, afirmatius o negatius, havien influït moltíssim en la seva decisió.

Així com la cara és el mirall de l'ànima, el fet és que les seves alteracions, ja siguin involuntàries (com en el cas de l'esmentat experiment) o bé deliberades (com és el cas de les cares dels actors quan estan actuant), poden transformar el nostre estat d'ànim: somriem quan estem contents, però també ens alegrem si ens obliguem a somriure (només cal recordar els efectes psicològics positius que es donen en la nostra ment quan contemplem al cinema o en la nostra llar una comèdia). De la mateixa manera, si quan estàs trist escrius en fulls blancs sobre la pauta d'«optimisme moderat» amb línies lleugerament ascendents, t'adonaràs que aconsegueixes una millora gairebé automàtica. Però no tan sols el sentir o el pensar condicionen l'actuar, sinó que, com hem deixat clar en els els paràgrafs anteriors, també passa el mateix a l'inrevés: l'actuar també condiciona el sentir o el pensar.

Que el nostre comportament altera les nostres emocions i els nostres raonaments i, en definitiva, la nostra manera de ser, és un fet importantíssim. Aristòtil deia que no tan sols el nostre caràcter influeix en les nostres actuacions, sinó que aquestes, les nostres actuacions, acaben essent un percentatge significatiu de la nostra personalitat. Així doncs, si volem canviar, en tenim prou actuant i comportant-nos com si la transformació ja s'hagués produït. «Per més negatiu que et sentis», aconsellen els doctors James Oler i Peter McLaughlin, «actua de manera positiva. Fingeix-ho. Fingeix-ho amb cada part del teu ésser sota el teu control. Es tracta només d'una actuació, però actua tan bé com puguis. Et conver-tiràs en allò que fingeixes ser». Per tant, el que hem de fer és imitar les persones de bona sort fins que, a la fi, nosaltres mateixos ens convertim en una més d'aquestes persones amb sort.

Segons diu Kevin Hall en el seu llibre *El poder de las palabras,* «la paraula *caràcter* ha canviat molt de significat al llarg dels anys. Originalment volia dir alguna cosa que estava gravada en fusta, en metall, en pedra o en l'ànima d'algú [...]. Després, en temps de Shakespeare, el terme anglès *character* va adquirir un altre significat totalment oposat i va passar a designar el paper que exercia un actor, de manera que els *characters* interpretaven un paper i duien unes màscares per amagar la seva autèntica identitat».

El primer que podem fer és començar per **canviar l'expressió seriosa del nostre rostre**. Les emocions neixen en el cervell límbic, que és precisament l'òrgan que controla els músculs facials.

En segon lloc, podem **modificar la nostra manera de parlar** ja que la veu és una de les característiques específiques d'un ésser humà, tant com ho poden ser les seves empremtes dactilars. En aquest sentit, Serge Wilfart, excantant d'òpera, investigador i autor d'un llibre excel·lent (*Encuentra tu propia voz*), ha ideat un mètode provat per desenvolupar la intel·ligència emocional de les persones simplement canviant la tonalitat de la seva locució.

I, en tercer lloc, hauríem d'**imitar els moviments corporals de la gent amb sort**, per exemple, adoptar la seva manera de caminar ferma i segura, amb l'esquena recta i el cap alt i orientat a l'horitzó. I, finalment, seria recomanable que copiéssim també la seva cal·ligrafia, tal com aconsello a *Buenos días y buena letra*, perquè si fingim escriure com ho fan les persones de vida plena, en realitat, haurem emplenat la sol·licitud d'inscripció en el selecte club dels triomfadors.

DIETARI DE BONA NIT I BONA SORT

EXERCICI 9

Aprèn a visualitzar

Just abans d'adormir-te, fes respiracions profundes, agafant l'aire pel nas i deixant-lo anar per la boca. Deixa que aquestes respiracions profundes distreguin la teva ment de qualsevol altre pensament que no sigui la respiració mateixa.

Quan et sentis relaxat, imagina't que passeges per la sorra d'una platja al capvespre, poc abans de fer-se fosc. Vas descalç i una lleugera brisa t'acarona el rostre. Estàs sol i escoltes l'harmoniós so de les ones, i el vol de les gavines. La temperatura és molt agradable. Estàs embadalit amb en la bellesa natural que t'envolta. Ets fora de qualsevol perill i et sents protegit.

De sobte, en la llunyania veus algú que també camina per la sorra i que, a més, ve cap a tu amb el cos recte i camina decidit. Tot en aquesta persona és carisma: la seva actitud oberta, les seves passes enèrgiques, el somriure sincer que endevines en els seus llavis, la seguretat en ell mateix que es desprèn el seu posat, la seva mirada directa, valenta, clara.

Tot en aquesta persona és optimisme, determinació, do de gents, força, coratge, integritat. Sens dubte és algú de vida plena, una persona que atreu la bona sort.

T'adones llavors que ja no camines, que t'has quedat hipnotitzat mirant en aquesta figura humana que destil·la èxit per tots i cadascun dels porus de la seva pell, mentre s'apropa cap a tu. Però no tens por, sinó familiaritat, com si fossis a punt de retrobar-te amb un ésser molt estimat...

Tens unes enormes ganes d'abraçar-lo, de dir-li com l'admires i com te l'estimes. I de cop i volta descobreixes que aquesta persona, que es fon amb tu en una abraçada entranyable, ets tu mateix, és a dir, l'ésser de vida plena en què demà, quan et despertis, t'hauràs convertit.

7.

CONTROLA EL TEU DIÀLEG INTERIOR

A un monjo del desert d'Egipte el turmentaven tantes i tantes temptacions que, finalment, va decidir abandonar els seus companys monjos. Quan ja es posava les sandalies per marxar, va veure prop d'ell un altre monjo que també s'estava posant les sandàlies. «Qui ets tu?», li va preguntar. «Jo», li respongué, «sóc el teu jo. Si és per culpa meva que marxes, que sàpigues que, vagis on vagis, jo sempre seré amb tu.»

TONY DE MELLO

Hem de ser conscients que passem la major part del temps conversant amb nosaltres mateixos, i moltes vegades el nostre monòleg interior és contraproduent i fins i tot autodestructiu: ens menyspreem, ens recriminem i ens culpabilitzem. Si tenim en compte que, com deia Pascal, «l'home és el seu diàleg interior», és evident que hem d'aprendre a conviure amb aquest veí que viu dins nostre, hem de mirar d'estar ben avinguts amb ell i, sobretot, hem d'evitar que es converteixi en un intrús o en un jutge implacable.

Però, quina és l'arqueologia del nostre diàleg interior?

Si comparem el nostre cervell amb un ordinador, veurem que quan naixem ho fem gairebé amb una ment sense programar, és a dir, que arribem a aquest món amb una potent maquinària, però sense programari. És apassionant veure com, en general, a través de la relació amorosa amb la mare, a poc a poc es va esculpint en els primers anys de vida la nostra estructura psíquica i, en conseqüència, el nostre caràcter.

Poc temps després, la manera com es parla en família també serà estratègica: els nostres fills no tan sols aprenen el nostre idioma, sinó que a través d'ell, adquireixen la cultura mil·lenària del poble que parla aquesta llengua, i els valors que, sense adonar-nos-en, transmetem en cadascuna de les nostres opinions i de les nostres accions: la manera d'enfocar els problemes o de resoldre els conflictes, l'actitud que s'adopta enfront dels perills, les crisis, les malalties, la feina, la salut o els estudis..., tot això influirà de manera decisiva en la formació del menor i en el seu posterior diàleg interior.

Al llarg de la infantesa, a través de múltiples suggestions, el nostre entorn es converteix en guionista col·lectiu dels *scripts* que dirigiran el nostre futur comportament de manera gairebé automàtica. Alguns d'aquests *scripts* ens seran extraordinàriament útils, com per exemple saber que no és aconsellable creuar el carrer sense mirar; altres, però, ens complicaran moltíssim la vida.

Durant més de 30 anys he ensenyat matemàtiques i ho he fet ja a gairebé 40.000 alumnes universitaris. Doncs bé, encara no m'he topat amb cap alumne que no fos capaç de superar-les. No tots, naturalment, van superar l'assignatura a la primera, però tots ho van aconseguir després d'alguns intents. Ara bé, el més sorprenent de tot això és que la immensa majoria d'ells quan assitien a les meves classes creien que no estaven capacitats per superar els complicats exercicis d'aquesta ciència.

Quan es va forjar aquesta falsa creença?

La meva filla, amb el seu meravellós procés de desenvolupament intel·lectual, que segueixo de molt a prop, m'ha ensenyat en els seus escassos 12 anys, que l'ésser humà va forjant el seu autoconcepte en matèria d'aprenentatge. Així, quan era una mica més joveneta i em feia preguntes sobre temes que jo desconeixia, s'estranyava enormement quan li responia que no en sabia la resposta: «Pare», em deia tota sorpresa, «és impossible que tu no ho sàpigues! Tu ets professor!». Llavors em vaig adonar que en l'imaginari d'una nena o d'un nen, *professor* equival a *savi*.

Quin procés mental es desenvolupa en el cervell d'una criatura quan no entén les explicacions d'un mestre que, malgrat la seva indubtable vocació i obstinació, no està dotat per a la pedagogia de les matemàtiques?

El nen o la nena en cap moment no dubtarà pas de la saviesa del docent, per la qual cosa quan vegi que no entén el que li expliquen, s'autoinculparà i arribarà fins i tot a convèncer-se que no serveix per a les «mates».

Aquesta creença, incipient i falsa, es pot veure reforçada a casa perquè potser el pare o la mare, quan eren petits, també van arribar a la mateixa convicció, i en aquesta família es considera un fet provat i objectiu que això dels nombres és molt complicat, o que, simplement, cap dels seus membres no té facilitat per als nombres.

Ja he esmentat abans el títol *Anatomia del miedo: un tratado sobre la valentía.* En aquest llibre, l'autor, José Antonio Marina, exposa un interessant inventari de creences falses que generen angoixa en moltíssimes persones: la responsabilitat extrema, el perfeccionisme, el sentiment d'impotència, la convicció que els esdeveniments són imprevisibles... I totes aquests postulats que mai no qüestionem es manifesten en el nostre monòleg interior en frases del tipus «sóc un perdedor», «no puc», «no sóc capaç», «mai no n'encerto ni una», i en una llarga tirallonga de retrets com «hauria de...». Frases totes elles que psicòlegs com David Burns o Albert Ellis han demostrat que ens endinsen en l'ansietat. El filòsof francès Emile Chartier Alaine ja va sentenciar que «cap home no pot trobar al món cap altre enemic pitjor que ell mateix».

Concentra't sempre en el costat positiu de les coses

La persona més influenciable
amb qui parlaràs al llarg del dia d'avui ets tu mateix.
Així doncs, vés amb molt de compte amb allò que et dius a tu mateix.
ZIG ZIGLAR

Com diu Robin S. Sharma, autor del bestseller d'autoajuda *El monje que vendió su Ferrari,* «la qualitat del que penses determina la qualitat de la teva vida [...]. Una ment forta, disciplinada, que qualsevol pot aconseguir mitjançant la pràctica diària, pot fer miracles. Tingues cura dels teus pensaments de la mateixa manera que cuides les teves coses més preuades. No et pots permetre el luxe de tenir cap pensament negatiu».

El professor Richard J. Davidson, del Laboratori de Neurociència Afectiva de la Universitat de Wisconsin, especialista internacional en neuroimatge, ha fet diversos i interessants experiments per estudiar de quina manera els pensaments afecten físicament el nostre cervell. En una de les seves més famoses investigacions, un grup de voluntaris van pactar pensar en coses negatives, i pensar durant un temps relativament llarg sobre algun fet passat que els resultés molest. Doncs bé, mentre es produïa el seu diàleg interior desagradable, es va activar la zona prefrontal dreta (la zona que causa el pensament negatiu) i tot seguit es va il·luminar també la zona del cíngul anterior (responsable del sentiment de disgust). Però a més el cíngul anterior, com molt bé ha estudiat el gran neuròleg portuguès Antonio Damasio, està connectat amb els nuclis amigdalinis situats en els lòbuls temporals del cervell, que és on es genera la ira o la por.

Però, el procés mental que es va desencadenar en els voluntaris de l'experiment a partir del diàleg interior negatiu no es va aturar aquí, perquè després de la il·luminació dels lòbuls temporals, es va activar l'hipotàlem, que al seu torn va posar en funcionament el sistema nerviós autònom. A diferència del sistema nerviós central, que s'encarrega de planificar i realitzar activitats voluntàries, el sistema nerviós autònom regula mecanismes involuntaris com els batecs del cor, el sistema digestiu o el reproductor i, no ho oblidem, condiciona també les respostes emocionals. Però a més ho fa en dos registres diferents: el parasimpàtic i el simpàtic, segons que ens trobem respectivament en moments de tranquil·litat o de perill i, si es dóna el cas en què ens trobem en perill, llavors tota la sang es dirigeix cap al sistema muscular per preparar-nos per a la lluita o la fugida.

Doncs bé, el que van mostrar les neuroimatges preses en l'experiment de Davidson és que el sistema nerviós autònom que es va activar en els voluntaris (tot i que es trobaven en una situació d'aparent calma), va anar al sistema simpàtic que és el responsable últim de la reacció d'alarma. Dit amb altres paraules: Davidson va descobrir que un pensament negatiu produïa en el cervell una reacció fisiològica idèntica a la que es es produeix quan estem davant d'un perill real, és a dir, que s'activen fins i tot les glàndules suprarenals, situades en la part superior dels ronyons i que segreguen cortisol (que convida a la fugida o provoca paràlisi), noradrenalina i adrenalina (que ens predisposa a la lluita), que són totes elles unes hormones molt útils en situacions puntuals de veritable risc.

No obstant això, en medicina és molt conegut l'efecte negatiu d'un nivell prolongadamente alt de cortisol, ja que malmet de manera permanent, fins a la mort, les neurones de l'hipocamp, la zona del cervell que és clau en molts processos de memorització i aprenentatge, i, com s'ha descobert recentment, en la nostra alegria de viure.

Heus aquí, doncs, que les investigacions del Dr. Davidson posen de manifest que aquelles persones amb diàlegs interiors torturadors i centrats en els aspectes negatius de la seva existència experimenten no tan sols dificultats importants d'aprenentatge, sinó que, a més, la seva sensació de benestar es veu seriosament compromesa.

Aprèn dels errors i, després, oblida'ls

Aprenem molt més del fracàs que no pas de l'èxit.
Sovint descobrim el que farem si esbrinem el que no farem
i és probable que la persona que mai hagi comès un error
tampoc no hagi fet mai cap descobriment.
SAMUEL SMILES

Imagina't ara que comets una estupidesa. Automàticament en la teva ment apareix un diàleg interior que et recrimina la mala acció amb frases implacables del tipus «Però com puc haver estat tan ingenu?» o «Com he pogut ser tan inconscient?», o «Per què he estat tan groller?».

Les persones que atreuen la fortuna treuen partit dels seus fracassos; més encara, aquestes persones consideren que els fracassos són lliçons per aprendre, per apropar-se amb més eficàcia als seus objectius i no permeten que l'error, o l'accident, els afectin massa, com tampoc no deixen que l'inevitable desencís que de vegades ens envaeix duri gaire temps. Les persones amb sort, davant del mal temps, posen bona cara, i en el seu diàleg interior davant l'adversitat i per tal que el dolor no s'amplifiqui ni duri massa, eviten en tot moment frases del tipus «Quin desastre!», «Quina mala sort que tinc!». En canvi la gent sense sort, quan una porta es tanca, ignoren que una altra s'obre, i sovint, desencisats, es queden mirant tant de temps la porta tancada que no es fixen en la que s'ha obert per a ells.

Les persones que desitgen atreure bona sort haurien d'adonar-se què es diuen a elles mateixes quan alguna cosa no surt segons el que tenien previst, i en cas que els sorgeixi un diàleg interior pessimista haurien de desdoblar-se en un *alter ego* que rebatés un per un els arguments recriminatoris o desencisadors amb raons de tant de pes que la mateixa veu que els acusa quedés sufocada. Una manera de controlar aquests pensaments que destrossen la nostra autoestima seria que aquest altre jo ens renyés com si fóssim nens petits condemnant l'acció, però alhora, exculpant la persona. Ens hem de veure a nosaltres mateixos com si fóssim una criatura, per exemple, de cinc anys, i que l'*alter ego* ens fes veure que ens hem equivocat però evités ferir-nos amb els seus retrets. En aquesta mateixa línia el psicòleg J. L. Martín Descalzo recomana que aprenguem a «mirar-nos a nosaltres mateixos amb la mateixa tendresa amb que ens miraríem si fóssim el nostre propi pare».

Acceptem que hem comès un error, aprenguem la lliçó, fem un sincer propòsit d'esmena i no ens torturem més. Diguem-nos: «Realment, ha estat una autèntica ximpleria; mai més no tornaré a fer una relliscada com aquesta! La propera vegada seré molt més prudent i aniré amb més de compte». I, al cap de poca estona, com faria probablement una criatura, oblidem la suau renyada que ens hem fet, tornem a somriure, i posem-nos a jugar altre cop.

DIETARI DE BONA NIT I BONA SORT

EXERCICI 10

***Escriu el guió del teu monòleg interior*[16]**

En els teus moments en què et castigues verbalment a tu mateix, agafa el teu kit d'escriptura i un bolígraf:

1r Descriu la naturalesa de l'adversitat, el problema, etc. amb el qual t'enfrontes.

2n Identifica qualsevol creença negativa que aquest problema hagi produït.

3r Pren nota de les conseqüències del problema, com et sents i com actues.

4t Qüestiona les creences negatives, substituint les paraules negatives per altres de neutres, posa-les en dubte, i pensa en altres raons possibles, més objectives i menys carregades d'emoció.

5è Planteja't explicacions més optimistes per al problema.

16. Basat en el llibre de Martin Seligman *Aprenda optimismo,* publicat l'any 1990.

Segona part

V. Els set factors personals de la bona sort

No te rindas, aún estás a tiempo
de alcanzar y comenzar de nuevo,
aceptar tus sombras, enterrar tus miedos,
liberar el lastre, retomar el vuelo.

No te rindas que la vida es eso,
continuar el viaje,
perseguir tus sueños,
destrabar el tiempo,
correr los escombros, y destapar el cielo.

No te rindas, por favor no cedas,
aunque el frío te queme,
aunque el miedo muerda,
aunque el sol se esconda, y se calle el viento,
aún hay fuego en tu alma,
aún hay vida en tus sueños.

MARIO BENEDETTI

8.

PSICOLOGIA DE LA BONA SORT

Disposem de dues vides:
la que ens ve donada i la que ens podem construir.
MARY CHAPIN CARPENTER

Temps era temps en què tots els homes que hi havia a la terra eren déus, però aquests homes van pecar i van ofendre la seva divinitat fins a l'extrem que Brahma, el déu suprem, va decidir desposseir els homes de la seva divinitat i ocultar-la en un lloc on mai no la poguessin trobar i no la poguessin ofendre altre cop. «L'enterrarem en el més profund de la terra», van dir els altres déus. «No», va respondre Brahma, «perquè l'home excavarà la terra i la trobarà». «Així doncs, l'amagarem en l'oceà més pregon», van respondre. Però Brahma els tornà a dir: «No, perquè l'home aprendrà a explorar la mar i també la trobarà allí». «La podem amagar a la muntanya més alta», van proposar. «No», respongué altre cop Brahma, perquè hi haurà un dia en què l'home escalarà totes les muntanyes de la terra i capturarà de nou la divinitat».

«Llavors ara sí que ja no sabem on amagar la divinitat perquè l'home mai no la pugui trobar», van respondre els déus menors. Brahma els va respondre: «Jo us diré on l'amagarem. La posarem dins del mateix home. A ell, mai no se li acudirà de cercar-la allí».

Aquesta coneguda llegenda hindú ens serveix prou bé per il·lustrar el punt de partida de la segona part d'aquest llibre: la divinitat o, si es vol, el secret del benestar, el de l'èxit o el de la sort, no està amagat ni en el més profund de la terra, ni en el fons d'un oceà, ni al capdamunt de la muntanya més alta; es troba a l'interior del nostre tresor més gran: la nostra ment.

Tots coneixem persones que semblen disposar de l'habilitat per, com diu el tòpic, trobar-se sempre en el lloc adequat precisament en l'instant oportú. Els ofereixen bones feines, coneixen casualment persones que, un bon dia, els poden donar un cop de mà, troben parelles adients, i els successos quotidians semblen somriure'ls en una proporció superior que a la resta dels mortals. Vaig llegir fa temps un vell proverbi àrab que deia: «Tireu al mar un home amb sort i en sortirà amb un peix en la boca». Però la persona que tria el lloc i el moment exactes de capbussar-se en l'aigua i que sempre pesca alguna cosa no ho fa per casualitat: ha entrenat conscientment o inconscient el seu caràcter per aconseguir una personalitat que li confereixi benestar i que li permeti aconseguir l'èxit i atreure la bona fortuna.

Set indicis per esbrinar si tens o no una psicologia de la bona sort

Molts creuen que tenir talent és una sort;
ningú no creu, però, que la sort pugui ser qüestió de tenir talent.
HONORÉ DE BALZAC

En la primera part d'aquest llibre hem establert les set claus de la bona sort i hem estudiat tot un seguit d'exercicis que ens facilitaran aconseguir-les. Però si desitgem fer canvis que durin, com ja vaig explicar a *Buenos días y buena letra,* l'única cosa que de debò funciona a llarg termini és transformar la nostra estructura psíquica subconscient, que, al cap i a la fi, és la que, si no hi ha altre remei, dirigeix els nostres actes i determina el que aconseguim.

Les persones que posseeixen la base psicològica per atreure la bona sort ens permeten saber quins són els set indicis inequívocs de la seva ment:

1r **Posseeixen una brúixola interior** construïda a partir de certs valors en els quals creuen fermament i que estan disposades a defensar.

2n **Són persones capaces d'actuar** segons allò que els sembla que és més encertat, confiant en la seva brúixola interior, sense sentir-se culpables quan a una altra persona aquella mateixa l'acció no li sembli adequada.

3r **No perden el temps preocupant-se en excés** pel que hagi pogut succeir en el passat, i mantenen sempre una expectativa favorable pel que fa al futur.

4t **Tenen una confiança bàsica en les seves capacitats** i habilitats, per la qual cosa no s'acovardeixen davant de les dificultats, i no es desanimen gaire amb els resultats negatius.

5è **Reconeixen i accepten en elles mateixes una varietat d'emocions i de sentiments**, tant positius com negatius, que gestionen per evitar que els dominin.

6è **Són capaces de passar-s'ho bé amb les més diverses activitats**, com treballar, llegir, jugar, xerrar, passejar, etc. I, a més, són capaces d'entrar en estat de «flux» amb totes aquestes tasques i en repetides ocasions.

7è **Són persones sensibles davant les necessitats i els sentiments dels altres** i respecten les normes assenyades de convivència acceptades per tothom.

Factors psicològics de la bona sort

El teu repte és convertir-te en el millor projecte de tu mateix.

PILAR JERICÓ

Al llarg de la recerca que vaig dur a terme durant deu anys estudiant les persones de vida plena per escriure el meu anterior llibre, *Buenos días y buena letra,* vaig esbrinar que una persona, a qualsevol edat, pot determinar totes les modificacions que desitgi aportar a la seva personalitat reeducant el seu inconscient mitjançant la psicologia positiva, l'autosuggestió, la focalització i la grafotransformació. Aquesta reeducació és possible gràcies a la descoberta recent duta a terme pels neuròlegs sobre la plasticitat del cervell.

Però de seguida em vaig adonar també que aquesta reeducació es podria utilitzar per imitar la psicologia de les persones que atreuen la bona sort. És a dir, que qualsevol home o qualsevol dona, si ho desitja, pot instaurar en ella mateixa les mateixes qualitats mentals que té la gent afortunada.

Si aconsegueixes construir-te una personalitat d'aquest tipus, una personalitat positiva, llavors tindràs una vida plena d'oportunitats: coneixeràs persones providencials per al teu nou projecte, assistiràs a un seminari on resoldràs un problema professional que et semblava irresoluble, consultaràs la bibliografia d'un llibre mediocre i et toparàs precisament amb aquell títol que et mancava per donar per enllestit un projecte... Però tot plegat no serà pas per casualitat sinó que s'esdevindrà gràcies a la teva actitud psicològica positiva que provocarà aquestes troballes afortunades. La teva manera de pensar i d'actuar et faran propens a descobrir reptes assolibles; seràs capaç de veure oportunitats allí on els altres no hi veuen res, o, alguns, tan sols hi veuen obstacles. El teu caràcter fins i tot t'esperonarà a provocar aquestes troballes i aquests reptes. És en aquest sentit que Steven Spielberg deia: «Sabia que jo era capaç de fer grans pel·lícules si em donaven una oportunitat. Per tant, em vaig dedicar a crear aquesta oportunitat!».

Segons la meva recerca, entre els set factors bàsics que caracteritzen la psicologia de la bona sort, n'hi ha dos que destaquen per damunt dels altres: l'autoacceptació i l'optimisme. En efecte, aquests dos trets caracterològics són bàsics per desenvolupar una personalitat que atregui la fortuna a la teva vida i als teus negocis. I és aquí on us puc anunciar una notícia molt bona: tant l'autoacceptació com l'optimisme són dues maneres de pensar fonamentalment apreses que, a més a més, han estat molt i molt treballades per la psicologia positiva, i per a la millora de les quals s'han ideat una bona pila de pràctiques d'eficàcia científicament demostrada (com veurem en el darrer capítol del llibre)[17] per aconseguir-les i millorar-les. L'autoacceptació serà fonamental per interioritzar la brúixola interior (clau 1); descobrir i desenvolupar els nostres talents (clau 2); i, sobretot, per confiar en les nostres qualitats (clau 3) i controlar les creences implícites del diàleg interior (clau 7). A més, l'autoacceptació, juntament amb l'optimisme, serà important per mantenir una ment oberta (clau 4) que és essencial en les estratègies «I per què no?», «Terra cremada» i «Digues: "patata"» (clau 4). L'autoacceptació i l'optimisme són també essencials per confiar en la intuïció (clau 5); i són el component *sine qua non* de la clau 6, «Practica l'optimisme moderat».

A més de l'**autoacceptació**, i l'**optimisme**, en tercer i quart lloc hi ha l'**extraversió** i l'**empatia**, que són fonamen-

17. També grafològicament, de manera que si decideixes compaginar el que aprens amb la lectura de *Bona nit i bona sort* amb les tècniques grafotransformadores que ja vaig exposar al meu llibre anterior, *Buenos días y buena letra*, llavors, de ben segur que en un període de temps relativament curt ja notaràs una extraordinària millora en la teva «producció» de sort.

tals per «enfocar-nos en les relacions i la comunicació»; i en cinquè lloc hi trobarem l'**autogestió emocional**, essencial per confegir el quadre de comandament emocional (QCE), que és una estratègia important de la clau 4.

Finalment, en sisè i setè lloc hi ha la **perseverança** i la **proactivitat**, dos trets que són ben presents al darrere de qualsevol mètode perquè són dos trets imprescindibles per atreure la sort, per aconseguir una vida plena i, sobretot, per dur a terme un procés de millora personal; sense iniciativa i sense força de voluntat, qualsevol canvi s'encallarà en el llac dels desitjos incomplerts, i en la vall de les mil excuses.

Autoacceptació

L'èxit més gran és l'acceptació d'un mateix.
BEN SWEET

En paraules del gran psicòleg Albert Ellis: «Autoacceptació vol dir que la persona s'accepta a ella mateixa plenament i sense condicions, tant si es comporta com si no es comporta de manera intel·ligent, correcta o competent, i, tant si els altres li concedeixen com si no li concedeixen la seva aprovació, el seu respecte i el seu amor».[18] En aquest sentit, l'acceptació implica, d'una banda, el reconeixement equànime, responsable i serè d'aquells trets físics o psíquics que ens

18. *Manual de terapia racional-emotiva.*

limiten i empobreixen i, de l'altra, la consciència de la nostra dignitat innata com a persones.

En conseqüència, acceptar-se a un mateix no és sinònim d'agradar-se absolutament en tot, és a dir, estar encantats de conèixer-nos, sinó estar encantats de tenir una visió al més objectiva possible de nosaltres mateixos, sense comparar-nos amb falsos cànons i, en la mesura del possible, tenint clarament l'afany de millorar. L'autoacceptació consisteix a mostrar-nos als altres tal com som, sense vanitat però alhora sense complexos, i amb l'ambició raonable de desenvolupar-nos com a persones.

Les persones amb sort posseeixen una autoimatge coherent amb la realitat, la qual cosa els permet tenir una bona autoestima que, alhora, no els impedeix projectar el propi autoideal que aspiren a aconseguir en un procés pacient i perseverant de millora contínua.

Optimisme

La vida causa els mateixos contratemps
i les mateixes tragèdies tant als optimistes com als pessimistes,
però els primers saben afrontar-los millor.
DR. MARTIN SELIGMAN

Autors molts d'ells ja esmentats com Martin Seligman o C. Peterson, amb les seves recerques científiques sobre l'optimisme i la felicitat, o com el mateix Csikszentmihalyi (amb l'esmentat estudi del «flux») han impulsat la nova psicologia positiva, una branca que ja Aristòtil havia anomenat «la bona vida».

Ara bé, una persona optimista, contràriament al que creu un corrent de pensament molt estès,[19] no és, en general, un idealista irremeiable que no veu la vida tal com és o que no toca de peus a terra. A hores d'ara, els científics que segueixen la psicologia positiva han demostrat una vegada i una altra que l'optimisme és un dels trets més importants de la intel·ligència emocional, i una de les dimensions de la personalitat més característiques de les persones que tenen una existència plena.

Un estudi molt citat en psicologia, dut a terme amb persones grans que van ser observades durant gairebé un quart de segle, va revelar que aquelles que tenien una expectativa favorable enfront de la vellesa vivien una mitjana d'una mica més de set anys més que no pas aquelles que tenien una visió pessimista de l'esdevenidor.

Així, segons els psicòlegs Juana María Maganto i Juan Etxebarría, coautors, juntament amb la Dra. Carmen Maganto, d'un llibre molt recomanable (*Cómo potenciar las emociones positivas y afrontar las negativas*), els set avantatges de l'optimisme són:

1r Està estretament unit a sentiments de benestar i de felicitat.
2n Té un valor adaptatiu.
3r Està associat a un equilibri emocional més gran i una superior qualitat de vida.
4t Té efectes beneficiosos per a la salut en general.

19. Per conèixer aquest corrent no cal fer altra cosa que escoltar les tertúlies radiofòniques, on es dóna una audiencia injustificable a tot un estol d'ocells de mal averany.

5è És igualment beneficiós en casos extrems de falta de salut com la sida, el càncer o les malalties cardiovasculars.

6è Reflecteix actituds més proactives enfront de l'adversitat.

7è Beneficia especialment la salut mental, ajudant de manera molt favorable a superar problemes de depressió.

I després d'esmentar els set avantatges de l'optimisme, aquest autors afegeixen: «El pensament optimista ofereix un impuls de poder adequat per ajudar a afrontar els esdeveniments que ofereix la vida [...] i permet veure el que hi ha de positiu en tot el que ens envolta. L'optimisme és un hàbit de pensament que aporta a la nostra vida seguretat, confiança i davant dels errors, les dificultats i els problemes fa que aquests es converteixin en oportunitats per millorar, canviar i crèixer». Per tot això els esmentats autors conclouen que, sovint, la intel·ligència està més a prop dels optimistes que no pas dels pessimistes.

Extraversió

Hem d'afrontar el fet que morirem junts
o bé aprendrem a viure junts.
I si vivim junts, hem de parlar.
ELEANOR ROOSEVELT

Richard Weisman indica que en la recerca que va dur a terme, queda ben palès que les persones amb sort somriuen el doble que les que no en tenen; miren amb més freqüència als ulls dels seus interlocutors i mantenen postures obertes, sense creuar ni braços ni cames. Per això, les persones amb sort tenen una puntuació molt per damunt de la mitjana pel que fa a l'extraversió, i això els fa proclius a conèixer molta més gent, facilita que les seves relacions es consolidin i els permet despuntar gràcies al seu magnetisme social.

Aquesta xarxa de contactes tan extensa afavoreix que les persones amb sort puguin fàcilment topar-se amb gent que les podrà ajudar a aconseguir els seus objectius. Això els permet també topar-se amb oportunitats inesperades, o simplement crear-les. I, per si tot això fos poc, gràcies a la quantitat i la qualitat de les amistats, les persones amb sort disposaran fàcilment d'un nivell de benestar superior al de les persones sense sort.

La gent amb caràcter extravertit sol basar el seu carisma en primer lloc a mostrar un autoconcepte positiu, i, en segon lloc, a tenir sempre una visió optimista de l'existència. Per això, com veurem en el darrer i més important capítol d'aquest llibre, s'ha situat aquest tret de l'estructura psíquica de la personalitat afortunada en el tercer període de quatre setmanes, és a dir, quan en els dos períodes anteriors ja s'han començat a desenvolupar tant el bon autoconcepte com la visió positiva de la vida, dos trets que, de fet, aniran millorant constantment al llarg dels sis mesos que dura el CURS DE LA UNIVERSITAT NOCTURNA per atreure sort a la teva vida i als negocis.

Empatia

No es pot aplaudir només amb una mà.
DRA. CARMEN MAGANTO

Les persones de vida plena tenen una empatia molt desenvolupada, la qual cosa fa que tinguin l'habilitat de captar les necessitats i els desitjos del proïsme, de manera que la seva capacitat d'influència en els altres es veu summament incrementada.

Per arribar a ser persones empàtiques, abans de ser escoltats, hem d'aprendre a escoltar, hem de mirar de comprendre abans d'intentar ser compresos. Una persona que no se sent escoltada, no se sent respectada.

Les persones empàtiques tenen la facilitat, innata o apresa, de veure els altres no tan sols des de la seva òptica personal i intransferible, sinó des dels ulls emocionals de l'altre. Les persones empàtiques, conscientment o inconscientment, saben que, pel que fa a les relacions humanes, el més efectiu és allò que es refereix a l'afectiu, saben que la capacitat d'atracció i de seducció augmenta si sabem o aprenem a escoltar amb el cor.

Els set elements de l'actitud empàtica són:

1r Saber llegir les expressions facials de l'altre des d'un punt de vista emocional.
2n Entreveure els sentiments que hi ha al darrere del llenguatge de la persona amb qui estem conversant.
3r Comprendre la veritable dimensió i enquadrament del que ens planteja l'altre.

4t No jutjar-lo.
5è Acceptar-lo com és.
6è Respectar la seva intimitat. Que l'altre tingui la convicció de la nostra integritat i discreció.
7è Veure l'altre des de les seves ulleres i no des de les nostres, saber-se posar-se al seu lloc.

Extraversió i empatia són dues habilitats aparentment relacionals incompatibles, però en realitat són complementàries en el nostre enfocament cap als altres: la primera és activa en la parla i és útil per augmentar la nostra xarxa social; la segona és activa en l'escolta, i ens és de gran ajuda per mantenir-la viva. Si es tractés d'un equip de futbol, diríem que l'extraversió equival als davanters que marquen els gols, i l'empatia seria el porter i els defenses que impedeixen que ens els marquin.

Autogestió emocional

Jodie: Què passa?
Data: No n'estic segur.
Com que no estic familiaritzat amb l'emoció,
sóc incapaç de verbalizar la sensació.
Star Trek. The Next Generation

Les persones de vida plena han après a reconèixer els seus sentiments a l'instant, i una cop reconeguts no permeten que les seves accions es vegin alterades pels sentiments. Han aconseguit ser freds per fora, sense deixar de ser càlids per dins; han aconseguit ser capaços de triar com es volen sentir en cada circumstància.

Les emocions determinen el fat de les persones i, per tant, és clar que la seva gestió de les emocions és una de les habilitats essencials per a qualsevol persona que vulgui ser una persona de sort.

Els psicòlegs recomanen que en el nostre control de les emocions actuem com un jardiner, és a dir, que arrenquem les males herbes, els sentiments negatius. Per a això, la Dra. Carmen Maganto aconsella emprar «mascaretes antitòxiques» que impedeixin la contaminació emocional quan en les nostres relacions personals, familiars o laborals hi hagi persones cíniques, agressives, que menyspreen, etc.; i per això mateix M. M. Conangla i J. Soler, a *El arte de transformar positivamente las emociones*, aconsellen evitar disfresses emocionals com, per exemple, l'aparença d'invulnerabilitat (ningú no em pot vèncer), el victimisme (no et faig pena?), l'aparença de maduresa (sóc forta) o l'aparença de ser perfectes (jo mai no m'equivoco).

L'autogestió emocional atreu la sort, ja que és el que permet al jugador de bàsquet encertar el tir lliure que possibilita guanyar una final en el darrer segon; l'autogestió emocional ajuda el porter a aguantar al davanter en un u contra u decisiu; o a un tennista a restar amb seguretat el servei d'un adversari que es troba davant d'un *match ball*, i capgirar un partit que semblava del tot perdut... Aquests són només alguns exemples esportius de l'autogestió emocional. Però aquesta habilitat també és molt útil en negociacions complicades, en una entrevista per a un nou lloc de treball, o, simplement, pot fer-se servir per escoltar amb serenitat i empatia la queixa desaforada d'un client.

Proactivitat

Més de la meitat de la batalla per intentar «arribar» rau en el fet de decidir començar.
ROBERT C. PERKS

Les persones amb sort són proactives, és a dir, tenen iniciativa i se senten responsables de les seves vides i dels resultats que obtenen. Saben que els èxits que aconsegueixen depenen, no tant de les condicions externes que els envolten, sinó, sobretot, de les seves decisions. Les persones proactives no permeten que la vida els succeeixi, sino que són ells els qui fan que la vida *succeeixi*.

Les persones reactives posen mil excuses per no dur a terme allò que les proactives es posaran a fer tan sols oferint-los un motiu.

S'ha dit amb encert que les cultures protestants són més proclius a la proactivitat perquè atorguen una major responsabilitat als actes de l'individu, mentre que les cultures catòliques situen gran part de la responsabilitat en el Creador. Així doncs, no és pas estrany que davant la pregunta de «Quants fills tens?» una catòlica respongui sense immutar-se: «Els que Déu m'ha donat».

Per això si has estat educat en un país tradicionalment catòlic, encara que et vegis a tu mateix com a escèptic o fins i tot ateu, tot i això, hauràs de posar molt de la teva part quan segueixis el mètode KIMMON i arribis al moment de tractar aquest tret de la personalitat, perquè les creences que has après durant la infantesa faran que, inconscientment, tendeixis a tenir una mentalitat subjacent de tipus reactiu.

Perseverança

L'ascensor que ens porta cap a l'èxit
està fora de servei però les escales sempre estan al nostre abast
SERGIO BULAT

La primavera de l'any 2010, amb motiu de l'aparició del meu llibre *Buenos días y buena letra* vaig tenir la sort de tenir un ampli acolliment mediàtic. A això hi van contribuir la impagable labor de promoció que va fer Viena Edicions, així com la generosa tasca de la meva agent literària, Lídia Bayona, i la gran professionalitat de la meva responsable de premsa, Sílvia Velando.

En aquell temps em van fer un munt d'entrevistes i sovint, perquè se m'entengués, utilitzava símils futbolístics; va ser aleshores quan se'm va presentar una reflexió recurrent: podem aconseguir que el nostre fill arribi a ser un «Messi»? La meva resposta sempre era un «no» rotund: «Messi s'hi neix, però no es fa». Ara bé, alhora feia una contrarèplica: sí que podem fer que els nostres fills i filles siguin, per exemple, un «Puyol» (cosa que no està gens malament), és a dir, persones perseverants, enamorades d'allò que fan; podem aconseguir que els nostres fills i filles siguin éssers que assoleixin l'èxit, no perquè tenen unes condicions innates extraordinàries, sinó gràcies a un procés continu de millora, basat en l'esforç i en l'obstinació.

Les persones afortunades basen els seus èxits en la perseverança, la insistència: ho intenten i ho intenten sense defallir. D'alguna manera han aconseguit que pervisqui en elles l'esperit infantil d'aprendre a caminar: el nen s'alça, fa unes quantes passes insegures i cau; s'aixeca altre cop del terra, torna a caminar uns metres i perd altre cop l'equilibri, però hi torna, no defalleix, fins que desenvolupa l'habilitat i ja només ensopega esporàdicament. El nen no abandona tot i les temptatives fallides, i, de fet, ho acaba aconseguint. Deia Winston Churcill que «l'èxit consisteix a anar de fracàs en fracàs sense perdre l'entusiasme». En definitiva, la gent amb sort aplica la fórmula *«n + 1»* que vaig aprendre en un seminari amb John DeMartini, i que diu que si caus *n* vegades, no passa res de res, l'important, és si ets capaç d'aixecar-te *n* + 1 vegades i acabar dempeus.

La paraula *sort* només apareix abans que la paraula *treball* en els diccionaris. És molt important educar els fills suggestionant-los amb frases del tipus «Transforma els obstacles en oportunitats», «Converteix cada cosa negativa en alguna cosa positiva», «Si vols aconseguir una cosa, només ho pots fer tu perquè ningú altre ho farà per tu», i sobretot, «Fill, mai no et consideris vençut ni abandonis.»

9.

EL TEST KIMMON® DE LA BONA SORT

Aquest és el viatge que fan els homes: trobar-se a ells mateixos.
Si fracassen ja no tindrà gaire importància
quines altres coses han trobat.
JAMES MICHENER

En el llibre *Buenos días y buena letra* hi trobaràs el test grafopsicològic que, sense necessitat de saber grafologia, et permet, mitjançant l'anàlisi de la teva escriptura, avaluar en quin percentatge del teu potencial de vida plena ets. Tot seguit tens un exercici que, de nou, a partir de la teva cal·ligrafia, t'ajuda a descobrir quins trets de personalitat afortunada tens i quins trets hauries de grafotransformar i incorporar al teu caràcter per tal d'arribar a ser una persona de sort.

Per fer-lo, escriu un text original de manera espontània; el text ha de ser d'una llargada d'un full, més o menys, i l'has d'escriure en un paper completament blanc i sense pautar. Al final del text fes-hi la teva signatura.

1r Esbrina el teu nivell d'autoacceptació

Analitza en la teva signatura si menystens el teu nom o el teu cognom, o si els ratlles. Només tens un autoconcepte positiu de tu mateix si el teu nom i el primer cognom es llegeixen de forma total, diàfana i clara.

TEST DE LA SIGNATURA I DE LA RÚBRICA	
Signatura sense ratllades.	**OK**
Signatura amb gargots que oculten totalment o parcialment el nom o els cognoms de qui signa.	KO
Signatura on apareixen complets el nom i el primer cognom sense aparèixer el segon cognom, ni totalment ni parcialment.	**OK**
Signatura on s'ometen totalment o parcialment el nom o el primer cognom, o on apareix totalment o parcialment el segon cognom.	KO
Inicial de la primera lletra de la signatura de grandària doble o triple de la grandària de la pròpia a.	**OK**
Inicial de la primera lletra de la signatura amb una grandària inferior al doble de la grandària de la pròpia a, *o superior al triple d'aquesta.*	KO
Signatura de lletra semblant en grandària i forma a la lletra de text.	**OK**

Signatura de lletra diferent en grandària o en forma a la lletra de text.	KO
Signatura lleugerament ascendent.	**OK**
Signatura horitzontal.	KO
Signatura molt ascendent o descendent.	KO
Signatura lleugerament a la dreta.	**OK**
Signatura situada al centre.	KO
Signatura posada molt a la dreta.	KO
Signatura lleugerament a l'esquerra o molt a l'esquerra.	KO
Rúbrica que se situa sota la signatura sense ratllar-la.	**OK**
Rúbrica que envolta o ratlla la signatura.	KO

Subratlla amb un retolador fosforescent l'opció adequada:

Nivell d'autoestima	Necessito millorar
	Tinc el nivell adequat

2n Esbrina el teu nivell d'optimisme

Observa el full que has escrit de manera manuscrita, amb la mà i mira si les línies presenten una tendència lleugerament ascendent. Si és així, tens el tret de l'optimisme intel·ligent, sempre que la inclinació cap amunt no excedeixi dels cinc graus (el més recomanable és un angle entre 1 i 5 graus). Seria bo també que la signatura presentés una inclinació semblant, i que l'última línia de la rúbrica, si n'hi ha, es dirigís cap endavant.

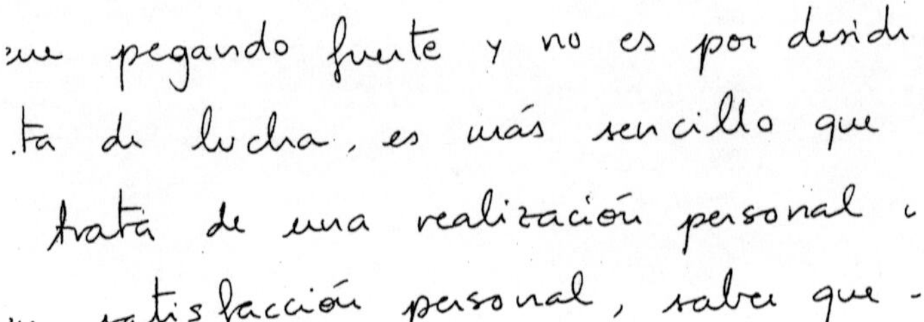

OK

En canvi,

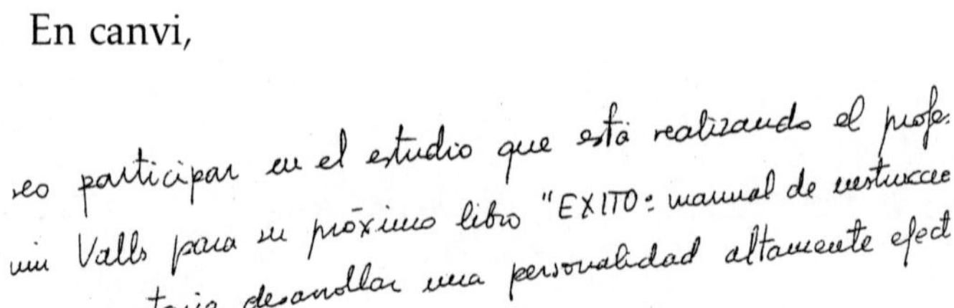

KO

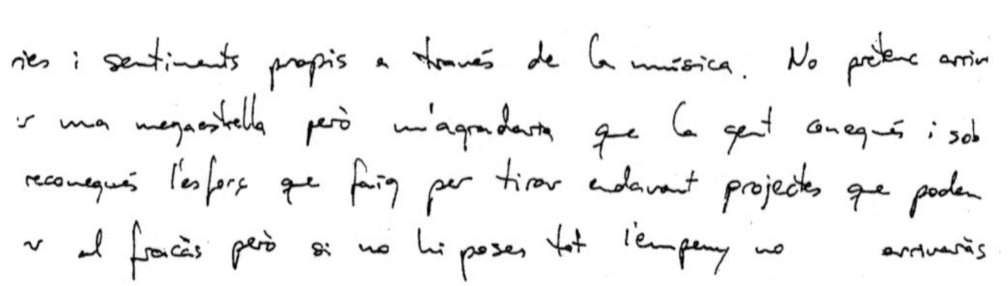

KO

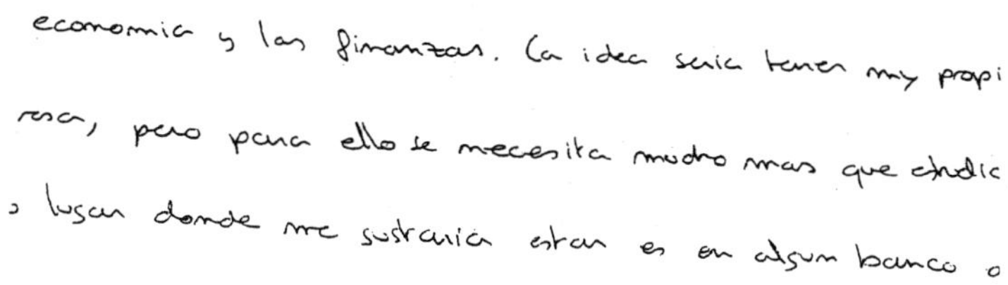

KO

Subratlla amb un retolador fosforescent l'opció adequada:

Nivell d'optimisme	Necessito millorar
	Tinc el nivell adequat

3r Esbrina el teu nivell d'extraversió

Per veure si posseeixes el tret de l'extraversió observa si el text es desplaça cap a la dreta provocant que el marge d'aquest costat sigui estret, amb lletra espaiada i gran, si la pressió és forta (si toques el full pel dors has de notar un lleuger relleu a les zones on has escrit per davant); i, molt important, si la forma ovalada de la *o*, i de la *a* no està del tot tancada.

Si ets extravertit, la teva signatura també se situarà en la part centre dreta del full.

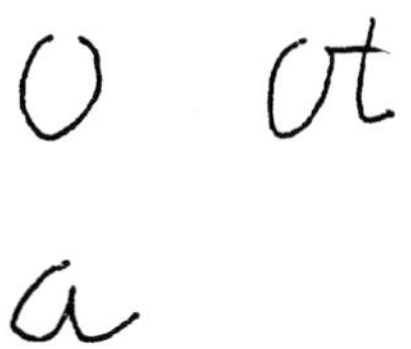

OK

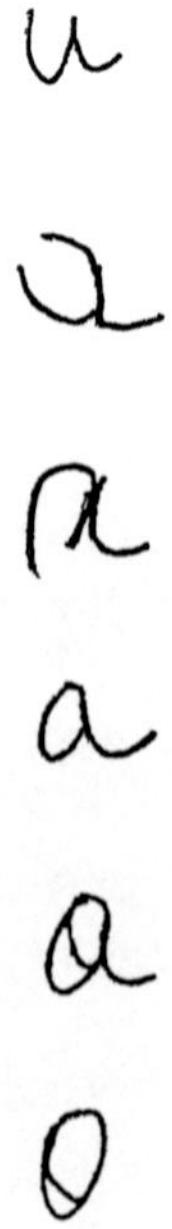

KO

Subratlla amb un retolador fosforescent l'opció adequada:

Nivell d'extraversió	Necessito millorar
	Tinc el nivell adequat

4t Esbrina el teu nivell d'empatia

L'empatia s'observa en la forma de les *e* (han de semblar «orelletes»), la forma de les *n* i de les *m* que han de tenir aspecte de garlandes (és a dir, forma de *u*). Amb això la teva lletra expressa que ets una persona que sap escoltar i que ho fas amb certa sensibilitat, és a dir que, a més de sentir-hi amb les oïdes ho fas també amb el cor.

Subratlla amb un retolador fosforescent l'opció adequada:

Nivell d'empatia	Necessito millorar
	Tinc el nivell adequat

5è Esbrina el teu nivell d'autogestió emocional
Si tens una bona gestió emocional, el text ha d'aparèixer molt endreçat amb marges molt regulars, i espai entre línies aproximadament constant. La signatura ha d'estar propera al text escrit, però sense envair-lo de cap manera.

Subratlla amb un retolador fosforescent l'opció adequada:

Nivell d'autogestió emocional	Necessito millorar
	Tinc el nivell adequat

6è Esbrina el teu nivell de proactivitat

El nivell de proactivitat es fa palès si les línies del teu escrit són lleugerament ascendents, el text i les lletres tendeixen cap a dalt i això ens diu que que ets una persona amb iniciativa. L'adequat espaiament de les paraules resulta fonamental en aquest aspecte: tant si les separes massa com si les separes poc (l'espai és superior o inferior respectivament a una de les teves lletres *a*) llavors tens dificultats per executar les decisions que prens. També és molt important la qualitat de les teves *f*, que han de ser completes amb un llaç tant en l'hampa com en el brancal. Els punts de la *i* haurien de situar-se una miqueta per davant d'aquesta vocal, com també ho haurien de fer els accents. També expressa aquest tret de la proactivitat el fet de tenir una lletra ràpida i una pressió forta.

OK

KO

Punt lleugerament avançat		**OK**
Punt molt endarrerit		KO
Punt endarrerit		KO
Punt posat just a sobre	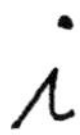	KO
Punt molt avançat		KO

Subratlla amb retolador fosforescent l'opció adequada:

Nivell de proactivitat Necessito millorar
Tinc el nivell adequat

7è Esbrina el teu nivell de perseverança

La lletra paradigmàtica de les persones tenaces és la *t*, que ha de presentar un equilibri entre el pal vertical, que indicaria el «vull», i el pal travesser o l'horitzontal, que indicaria el «puc». Les persones perseverants han desenvolupat molt aquest últim tret de la lletra *t*, de manera que les seves *t* s'assemblen força al símbol matemàtic de la suma.

Barra normal		**OK**
Barra llarga		KO
Barra curta		KO

Barra centrada		**OK**
Barra situada a l'esquerra		KO
Barra a la dreta		KO

Subratlla amb un retolador fosforescent l'opció adequada:

Nivell de perseverança	Necessito millorar
	Tinc el nivell adequat

DIETARI DE BONA NIT BONA SORT[20]

EXERCICI 11

Autoinstruccions nocturnes per augmentar el meu nivell de psicologia de la sort

Cada nit abans de ficar-te al llit has d'escriure i, alhora, recitar en veu alta cinc vegades cadascuna de les frases transcrites, durant períodes de 4 setmanes:

Autoinstruccions nocturnes ***per millorar l'autoestima***
(setmanes 1–4)

«A partir d'avui em valoro al cent per cent»
«Des d'avui, sóc fort, enèrgic i intrèpid»
«Tinc una ment molt valuosa»
«Tinc un cos molt valuós»
«Tinc un esperit molt valuós»

Autoinstruccions nocturnes ***per millorar l'optimisme***
(setmanes 5–8)

«Veig en tot l'aspecte favorable»
«El meu caràcter és alegre i esperançat»
«Aconsegueixo el que em proposo»
«Sóc fort, valerós i intrèpid»
«Venço tots els obstacles»

20. Al web <www.kimmon.es> hi trobaràs la portada del teu dietari, que et pots descarregar de franc.

Autoinstruccions nocturnes ***per millorar l'extraversió***

(setmanes 9–12)

«Tinc aplom, energia i tranquil·litat»

«Sóc impertorbable a la mirada inquisidora»

«Estic tranquil parlant amb una altra persona»

«Parlo amb facilitat i sense vacil·lacions»

«Parlo clar i influeixo en el meu interlocutor»

Autoinstruccions nocturnes ***per millorar l'empatia***

(setmanes 13-16)

«Entenc les raons de l'altre»

«El cor de l'altre batega dins el meu pit»

«Utilitzo les seves paraules i comprenc les seves idees»

«Elogio sempre l'altre en públic»

«Parlo bé dels altres quan no hi són presents»

Autoinstruccions nocturnes ***per millorar l'autogestió emocional***

(setmanes 17–20)

A continuació anotem les afirmacions autosuggestives que has de repetir durant el cinquè grup de quatre setmanes:

«Estic en pau amb mi i amb els altres»

«Em controlo en tota circumstància»

«Reflexiono abans de parlar»

«Sóc amo de mi i de les meves emocions»

«Tinc gran energia per dominar-me»

Autoinstruccions nocturnes ***per millorar la proactivitat***
(setmanes 21-25)

A continuació, es detallen les afirmacions autosuggestives que has de repetir durant el sisè grup de 4 setmanes:

«A partir d'avui començo una vida diferent»
«Avui és el dia per començar a transformar-me»
«A partir d'avui sóc jo qui dirigeixo la meva vida»
«Desenvolupo una personalitat positiva»
«Em sento feliç, amb forces i en pau»

Autoinstruccions nocturnes ***per millorar la perseverança***
(setmanes 26-30)

A continuació, es detallen les afirmacions autosuggestives que has de repetir durant el setè i darrer grup de quatre setmanes:

«El meu propòsit al món és desenvolupar-me»
«Concentro el meu esforç a aconseguir els meus objectius»
«Segueixo endavant sense desànim, sense defallir»
«Compleixo cada dia la meva tasca sense defallir»
«M'exigeixo arribar al límit del meu potencial»

10.

BONA NIT... I BONA MENT

Si has construït un castell en l'aire, no has perdut el temps,
és allí on hauria d'estar. Ara has de construir-ne els fonaments.
GEORGE BERNARD SHAW

La mosca del vinagre

Al cap i a la fi som allò que fem per tal de canviar el que som.
EDUARDO GALEANAO

Des de temps immemorials els científics s'han preguntat quina era la utilitat de dormir. Als investigadors mai no els ha acabat de satisfer la resposta que diu que dormir només serveix perquè l'ésser humà descansi; és una resposta massa evident i simple. Si dormir fos únicament un estalvi energètic, llavors, per què durant la nit el cervell es manté tan actiu?

En els darrers anys els estudiosos han pogut aplegar una pila d'evidències a favor d'una hipòtesi que la cultura popular ja sabia prou bé de feia molt i molt de temps: allò que s'estudia a la nit abans d'allitar-se, l'endemà s'ha memoritzat millor. En efecte, recents descobriments acrediten que dormir serveix també per consolidar tot allò que hem après.

Entre les moltes investigacions que han dut a la conclusió que dormir serveix també per consolidar tot allò que hem après durant el dia, ha estat essencial l'estudi de la mosca *Drosophila megaloblaster*, coneguda popularment com la mosca del vinagre.

En efecte, com ha descobert el professor de neurologia i fisiologia de la Northwestern University d'Illinois (EUA), Ravi Allada, les conclusions del qual es van publicar en la revista *Nature* l'any 2006, en les mosques del vinagre el son és controlat per una regió cerebral molt implicada en l'aprenentatge i la memòria. També ha observat que els estats de son i vigília en la mosca del vinagre estan regulats per neurotransmissors que participen en l'acte de dormir dels humans, i que a la nit també descansen un nombre d'hores similar al nostre.

D'aquí la importància de la troballa de l'eminent professor: si en les mosques el son serveix per consolidar el que han après, llavors es tracta d'un fenomen molt consolidat en l'evolució: «Hem descobert», escriu Ravi Allada, «que els cossos pedunculats tenen un paper central en la regulació del son de les mosques. La colocalització dels centres de son i aprenentatge en la *Drosophila* (mosca del vinagre) podria indicar que hi ha mecanismes subjacents compartits, potser relacionats amb la plasticitat sinàptica.»

S'obre així tota una nova línia de recerca de les teories que correlacionen el son i l'aprenentatge dels humans.

Els humans no tenim cossos pedunculats com té la mosca del vinagre, però tot i així la relació entre el son i l'aprenentatge sembla que és cada cop més clara. Durant el període REM del son hi ha una gran activitat cerebral, a desgrat que els canals d'informació sensorial estan tancats i les ordres motores bloquejades. «Aquestes troballes condueixen a dues idees radicals», adverteix amb encert Allan Hobson, de la Harvard Medical School de Massachusetts (EUA). «Una és que el son és un procés regulat activament i no simplement el resultat passiu de la disminució de l'estat de vigília; l'altra és que el son no ha de ser considerat com una parada d'activitat sinó que és més encertat considerar-lo com una reordenació de l'activitat neuronal». De fet, diversos treballs científics semblen evidenciar la profunda relació entre aquesta reordenació neuronal i l'aprenentatge, la qual cosa ve a consolidar investigacions anteriors dels doctors Avi Karni i Dov Sagi del Weizmann Institute (Rehoboth), que ja als anys noranta del segle passat havien descobert que l'aprenentatge de noves tasques es veia molt dificultat si s'interrompia o s'impedia el son REM.

Nocturnitat...

No es pot arribar a l'alba sinó per la sendera de la nit.
JUBRAN KHALIL JUBRAN

En un experiment dut a terme per Matthew Walter, del Beth Israel Deaconess Medical Center, es van crear dos grups de persones perquè intentessin estudiar una determinada tasca com ara parlar, coordinar les extremitats o tocar un instrument. En l'experiment es va observar quines àrees del seu cervell s'activaven en temps real amb una ressonància magnètica funcional. Un grup, després de dormir, va practicar allò que havien après abans d'allitar-se, i l'altre va practicar després d'haver restat en vigília. El que els científics van esbrinar amb aquest assaig és revelador: les àrees cerebrals que s'il·luminaven en cada cas eren completament diferents! Més encara, les persones a les quals abans se'ls havia permès dormir reproduïen molt millor allò que havien après. Sembla, doncs, que perquè alguna cosa sigui fixada al cervell és necessari que es reforcin les connexions entre neurones i fins i tot entre diferents àrees cerebrals. I en aquest reforçament, sembla que el son hi té un paper aparentment clau. En concret, quan la persona havia dormit, una de les àrees més actives era el cerebel, que funciona com un dels centres motors del cervell, controlant la velocitat i la precisió. En canvi, les àrees implicades en emocions, com l'estrès i l'ansietat, presentaven una activitat menor. «És com si en dormir», conclou Walter, «estiguéssim canviant de lloc allò que hem après i ho emmagatzemessim en regions més segures, i que en treure-ho pogués ser practicat millor i amb menys ansietat».

El resultat és que aquest tipus de tasques de procediment es tornen més automatitzades i per per ser realitzades requereixen l'ús de menys regions conscients del cervell.

Una altra prova indirecta que demostra que hi ha una profunda relació entre el son i la consolidació de coneixements és que els nens, i especialment els més petits, que estan en una situació d'aprenentatge permanent, necessiten dormir molt per consolidar la grandíssima quantitat de noves destreses motores que adquireixen.

En aquest sentit la saviesa popular té una dita prou coneguda que diu: «Esmorza com un rei, dina com un príncep i sopa com un captaire». I és que, efectivament, el menjar que prenem al vespre, abans de dormir, ha de ser escàs, fàcilment digerible, i el més sa possible. En la nostra cultura del segle XXI tenim una obsessió pel que ingerim i, no obstant això, la majoria de les persones no es preocupa per allò que prenen les nostres ments.

Al matí els nostres pensaments haurien de ser altament energètics. Dir-nos a nosaltres mateixos, parafrasejant el gran poeta i cantant Joan Manuel Serrat, «avui pot ser un gran dia»; a l'esmorzar, aquesta frase hauria de ser el nostre principal ingredient a més dels cereals de costum. De la mateixa manera, hauríem de tenir també molta cura de les idees que consumim just abans de ficar-nos al llit. Podem prendre el menjar porqueria amb què la majoria de canals de televisió ens bombardegen en aquesta franja horària dels vespres, o, alternativament, ens podem alimentar amb una dieta equilibrada que combini les autoinstruccions nocturnes que hem exposat al capítol anterior amb la lectura edificant de biografies motivadores.

... i premeditació

En la vida el principal objectiu de l'home és «donar-se naixement», és a dir, convertir-se en el que potencialment és. I el producte més important d'ell és la seva personalitat.

ERICH FROMM

Com han descobert els científics de la psicologia positiva, el millor que podríem fer cada nit just abans de ficar-nos al llit és escriure. «Escriure sobre una experiència dolorosa o traumàtica», afirmen els psicòlegs Juana María Maganto i Juan Etxebarría, «té nombroses conseqüències beneficioses. Té l'efecte d'alliberament o catarsi emocional, perquè a través de l'acte d'escriure es deixen lliures les emocions i permet superar-se el retraïment. El més important de l'escriptura és la naturalesa mateixa del procés, perquè el fet mateix d'escriure ajuda a comprendre, a acceptar i, de vegades, també a trobar una explicació a un succés dolorós. Escriure obliga a organitzar i integrar els pensaments, les emocions i les imatges dins d'una narració, i d'aquesta manera, escriure ens ofereix la possibilitat d'analitzar el que ha passat i, potser, donar-hi un sentit [...]. Es recomana exposar per escrit aquest succés dolorós i fer-ho amb sinceritat i persistència. Amb el temps apareixeran els avantatges.»

Ara bé, escriure no tan sols és un exercici exorcitzador; també és un potent mitjà per reeducar el cervell, sobretot si l'escriptura es fa just abans de ficar-nos al llit i si utilitzem autoinstruccions[21] que consisteixen a repetir diàriament fra-

21. Els psicòlegs prefereixen emprar el terme *autoinstruccions* que no pas l'expressió *afirmacions positives.*

ses o mantres. Però, com adverteix molt bé el Dr. Bruce H. Lipton a *La biología de la creencia,* «pel que fa a la capacitat de processament neuronal, la ment subconscient és milions de vegades més poderosa que la conscient. Si els desitjos la ment conscient entren en conflicte amb la programació del subconscient, quina de les dues creus que guanyarà? Pots repetir una vegada i una altra l'afirmació positiva que ets encantador o que el teu càncer remetrà. Però si de nen vas escoltar una vegada i una altra que no serveixes per a res i que estàs malalt, aquests missatges programats en el subconscient malmetran els teus millors esforços conscients per canviar la teva vida». Si el teu inconscient creu que ets d'una determinada manera, si la teva autoafirmació xoca amb una creença negativa, fortament arrelada dins de la teva ment, llavors es produirà una discussió: una part de tu dirà «sí», mentre un *alter ego* teu s'obstinarà a dir «no». Vet aquí, doncs, la importància que té per atreure la bona sort a la teva vida i als negocis no tan sols el fet d'aplicar el mètode KIMMON® al vespre, sinó també la traïdoria de distreure'l, per exemple, mitjançant tècniques grafotransformadores, com les que trobaràs exposades a *Buenos días y buena letra.*

La Universitat Nocturna de la Bona Sort

L'esperit de l'autoajuda és l'arrel de qualsevol
creixement autèntic en l'individu
i, si aquest esperit és present en la vida de molts,
constitueix la veritable font de vigor
i la força nacional. L'ajuda de l'exterior sovint té efectes debilitadors,
però l'ajuda de l'interior invariablement enforteix.
SAMUEL SMILES

Heus aquí una pregunta i una resposta: és possible construir-se una personalitat afortunada en només 6 mesos i fer-ho mentre es dorm? La resposta és: «Sí, tot i que això et requerirà, més o menys, una hora de feina diària abans de ficar-te al llit». Obliga't durant un mínim de 4 setmanes a fer els exercicis que et proposo, fins que hagis agafat l'hàbit de fer-los cada dia. Són pràctiques que ja han estat provades i que es basen en les modernes tècniques de la psicologia positiva, en les clàssiques estratègies de l'autosuggestió o en recomanacions de *coaching* àmpliament acceptades.

En contra del que ens venen els mitjans de comunicació i la cultura de la societat de consum, l'èxit, la felicitat o la sort, només van per davant del «treball», com ja he dit abans, en el diccionari. Per tant, aconseguir èxit, felicitat i sort requereix un esforç, com qualsevol inversió, però el resultat és màgic. Tant per aprendre un idioma com per construir-te una personalitat afortunada, el millor moment va ser quan vas néixer. El segon millor moment és avui: podem lamentar-nos, per exemple, de no haver nascut a Alemanya o a la Xina, ja que si haguéssim nascut en aquests països tindríem «de sèrie» l'alemany o, probablement, el mandarí; o bé, podem pensar que mai no és tard per aprendre una nova llengua. De la mateixa manera, podem sentir-nos desgraciats per no haver rebut de petits la mateixa educació que van rebre les persones amb sort; o bé podem disposar-nos a capgirar aquesta situació i intentar construir-nos la psicologia adient.

Però si has comprat aquest llibre, després t'has posat a llegir-lo i ara ja ets a punt d'acabar-lo, ets davant l'oportunitat de la teva vida: ara tens la llavor correcta (la curiositat) i el mètode adequat. No deixis passar aquesta ocasió, i a partir d'ara, rega-la i ajuda-la a créixer; d'aquí a 6 mesos tindràs davant teu un preciós trèvol de quatre fulles.

Per a això, segueix al peu de la lletra les següents set recomanacions:

1r **Prepara el teu dietari de *Bona nit i bona sort***
Tingues sempre en un lloc visible la carpeta del teu dietari amb la portada que has trobat a <www.kimmon.es>.

2n **Arxiva el full manuscrit i signat** que has hagut de fer per dur a terme el test KIMMON® de la bona sort.

3r **Arxiva els resultats del test**:

Nivell d'autoestima	Necessito millorar
	Tinc el nivell adequat
Nivell d'optimisme	Necessito millorar
	Tinc el nivell adequat
Nivell d'extraversió	Necessito millorar
	Tinc el nivell adequat

Nivell d'empatia	Necessito millorar Tinc el nivell adequat
Nivell de control emocional	Necessito millorar Tinc el nivell adequat
Nivell de proactivitat	Necessito millorar Tinc el nivell adequat
Nivell de perseverança	Necessito millorar Tinc el nivell adequat

4t **Arxiva el resultat de l'exercici 1**. Dissenya la teva brúixola interior

5è **Arxiva el resultat de l'exercici 2**. Descobreix el teu talent

6è **Imprimeix-te el Contracte amb mi mateix** (el trobaràs a <www.kimmon.es>) per atreure la sort a la vida i als negocis. A la pàgina següent tens el model de contracte; llegeix-lo detingudament i signa'l.

CONTRACTE AMB MI MATEIX

Per tal d'arribar a assolir una personalitat afortunada gràcies al mètode KIMMON®

Avui és el primer dia de la meva nova vida. Jo no sóc pas allò que em penso que sóc, atès que en realitat ningú no és allò que es pensa ser. A partir d'avui canvio la meva manera de pensar sobre mi mateix i, per tant, a partir d'avui la meva vida es transformarà.

A partir d'avui jo mateix sóc el director del cor de veus interior amb el qual em parlo endins. Amb la meva vareta KIMMON® de director d'orquestra dirigeixo una simfonia de pensaments positius i armoniosos. Ara, la meva ment és la meva amiga i ella acull una psicologia afortunada.

A partir d'avui em comprometo a fer els exercicis del mètode KIMMON® amb regularitat, perseverança i decisió.

Prometo complir aquest compromís i d'aquesta manera trenco amb les les falses creences que tinc sobre mi mateix i les substitueixo per pensaments positius que em permeten ser una persona de sort.

Puc fer-ho i ho faré.

Signat ______________________________

Data ______________________________

* És molt important que lliuris una còpia d'aquest contracte a alguna persona que per a tu sigui un referent, una persona propera i important en la teva vida (el teu marit o la teva muller, la teva parella sentimental, el pare o la mare...) i que desis una altra còpia del contracte en un lloc visible. Si vols, et pots descarregar el contracte de <**www.kimmon.es**>.

7è **Fes la bateria d'exercicis KIMMON®** per atreure la bona sort a la teva vida i als negocis. Els pots fer cada vespre, abans d'anar a dormir.

Per augmentar la confiança en les teves qualitats

Exercici 3. Millora la teva autoconfiança

Exercici 4. Espot publicitari de tu mateix

Per crear circumstàncies que t'ajudin a atreure la bona sort

Exercici 5. Kit personal de comunicació.

Exercici 6. Construeix el teu quadre de comandament emocional (QCE).

Exercici 7. Practica el neuròbic.

Exercici 8. Empra el teu sisè sentit.

Exercici 9. Aprèn a visualitzar.

Per controlar el teu diàleg interior

Exercici 10. Escriu el guió del teu monòleg interior.

Per construir-te una psicologia de la bona sort

Exercici 11. Autoinstruccions nocturnes per millorar el meu nivell de psicologia de bona sort.

Treball de fi de curs: on és el límit?

Una vida sense examen no paga la pena de ser viscuda.
SÒCRATES

Dissabte 14 d'agost del 2010. Sóc a l'interior d'un cotxe llogat, anant de Jerez, on estic passant les vacances en un bonic hotel amb la Carme i la Marta (les meves dues dones preferides), cap a Sevilla, perquè aquesta nit estem convidats a sopar a casa d'una meravellosa família que vam conèixer en un creuer pel Mediterrani fa tres anys. Condueix la meva dona, la nostra filla dorm, i jo, llegeixo. Es tracta d'un llibre de prop de cent pàgines «habitables», si descomptem balconades i terrasses, és a dir els apèndixs. Me l'ha regalat fa poques setmanes, en Carlos Farré, el pare d'un alumne meu (un fet del tot insòlit, és clar). Es veu que ell l'acabava de llegir, l'ha fascinat i n'ha comprat un exemplar nou per a mi, perquè tot i que no em coneix personalment, ha intuït, a partir del que li ha explicat el seu fill, que també a mi m'agradaria molt. No conec de res l'autor, però l'editorial, Plataforma, i sobretot la persona que la dirigeix, el molt admirat Jordi Nadal, tenen per a mi tota la credibilitat del món.

Fins avui no l'he pogut començar a llegir. He estat escrivint frenèticament els últims capítols de *Bona nit i bona sort*, i tan sols he devorat aquells llibres que pensava que podien aportar-me dades d'interès per plasmar-los en la meva obra.

Ahir vaig posar punt final al manuscrit, tot i que sé per experiència que acabarà sent només un punt i seguit perquè quan arribi a Sant Quirze aprofitaré al màxim els últims dies de vacances per reescriure'l, i sé que el seguiré corregint una vegada i una altra fins que surti publicat.

Són aproximadament les deu del matí i el termòmetre marca 35 °C a l'ombra. El llibre es titula *¿Dónde está el límite?* I el signa Josef Ajram, que és un autor de Barcelona, i que de seguida es presenta com un atleta de proves extremes. Em sorprèn l'estranya sincronicitat que neix immediatament entre aquest llibre, el seu autor i jo, perquè el text s'inicia precisament amb la paraula *Sort*. «Òndia, no pot ser!», dic a la meva dona que condueix capficada i atenta a l'autopista. «Fins ahir mateix m'he estat barallant amb el meu llibre *Bona nit i bona sort*, i no diries mai com comença aquest?». Li ho explico i la Carme, amb la seva mirada, em respon alguna cosa que podria traduir-se per: «Bé, Quim, ja ho saps, no existeixen les casualitats, només hi ha causalitats».

Mentre llegeixo, començo a plantejar-me la idea de canviar el punt sisè dels meus «Set consells per llegir *Bona nit i bona sort*», on, si ho recordes, recomano que en acabar aquest «llibre de text» llegeixis biografies de persones que admires, i així podràs practicar les deu «lliçons» d'aquest llibre.

En efecte, implícits en l'apassionant història d'aquest jove atleta (autor novell, a qui auguro un futur extraordinari en l'àmbit del desenvolupament personal), hi ha tots els punts que he tractat en aquestes pàgines que ara estan ja arribant a la seva fi. Per això, crec que potser hauria de ser més concret i suggerir-te directament que llegeixis *¿Dónde está el límite?*

No obstant això, en arribar a la pàgina 76, em començo a adonar que la referència que haig de fer d'aquest *¿Dónde está el límite?*, ha de ser molt més transcendent; el llibre i sobretot l'excepcionalitat del personatge, Josef Ajram, s'ho mereixen sense cap mena de dubte; l'estranya coincidència del regal, de com ha arribat a les meves mans, i d'haver-lo obert precisament avui, se'm fan, per si fos poc, dues premonicions extraordinàries.

Però quin és el detonant que trobo en aquesta pàgina? El context és el següent: em trobo al capítol 11, un dels meus dos nombres màgics (l'altre és el 7, per si a hores d'ara no te n'havies adonat), que es diu «Tattoo-man», i en el qual l'autor relata l'origen de la infinitat de tatuatges que il·lustren el seu cos: «El següent tatuatge», diu Josef parlant d'ell mateix, «va ser un dau [...] on hi vaig voler que quedés expressada la filosofia de la meva vida [...] mitjançant un l'infinit, l'interrogant i un espiral.

»Sempre he dit que cal lluitar contra l'infinit —que vindria a significar l'impossible—; cal evitar la paraula *impossible* o l'expressió "això no ho puc aconseguir" tot i que sé que certes coses són realment impossibles, però cal disposar dels recursos, cal lluitar al màxim per aconseguir el que desitges. I això tant en l'àmbit esportiu com en el laboral, el professional, amb la parella, amb la família[...]

»Pel que fa a l'espiral, [aquesta] significa la lluita contra el conformisme [...], la importància de ser el teu propi amo per aconseguir ser propietari del teu temps... Sóc amo de la meva vida, en el sentit que si vull anar a una competició, hi vaig, sense haver de demanar permís a ningú. Això em va ensenyar que la lluita contra el conformisme és necessària perquè un es trobi bé des del punt de vista espiritual.

»La tercera cara del dau fa referència a la il·lusió; i la quarta cara és la que representa l'expectativa: és l'interrogant. Em refereixo al fet de no saber què passarà demà, al fet de tenir emoció. Penso que si tens la sort de cercar experiències, de veure situacions diferents, de viatjar, de conèixer persones i enriquir-te amb cada persona... llavors això és una bona universitat de la vida [...]. Si aconsegueixes obtenir un missatge per cada persona persona, això t'enriqueix moltíssim. Jo he tingut l'oportunitat de conèixer moltíssimes persones, tant del món de l'esport com del món laboral. He aconseguit desenvolupar un sentit que és el de la intuïció».

Poso un post-it a la pàgina 77 (7 x 11), i al marge del full hi escric: «Resum impecable de *Bona nit i bona sort*. Important per al darrer epígraf del manuscrit. Posar-ho com a **"Treball de fi de curs obligatori de la Universitat Nocturna de la Bona Sort"**».

Però el millor encara no ha arribat: mentre entrem a la preciosa ciutat de Sevilla, bo i intentant comunicar-nos de moment sense èxit, amb José Luis, el nostre simpàtic i encantador amfitrió, em planto a la darrera pàgina de l'entranyable i interessantíssim text que estic llegint, i encara que arribats fins aquest punt sembla que ja res no m'hauria de sorprendre, em fa una bot el cor en llegir l'última frase de Josef Ajram: la frase és un breu i increïble «Bona sort!», i amb això es tanca amb un fermall d'or el cercle de la sincronicitat.

Doncs això, benvolgut lector:

Bona sort... i bona vida!

Treball de fi de curs obligatori de la Universitat Nocturna de la Bona Sort:

Llegeix amb atenció el llibre de Josef Ajram, *¿Dónde está el límite?* i indica quines de les set claus i quins dels set factors psicològics de la bona sort conflueixen en aquest llibre.

VI. Sobre l'autor

Cap ésser humà val en funció del que té,
sinó segons allò que és capaç de construir.
JOSÉ LÓPEZ ROMERO

JOAQUIM VALLS és autor de *Buenos días y buena letra. Cómo transformar tu escritura para mejorar tu vida* (Viena, 2010) i de *Sakasudoku: el método más fácil y cómodo de «sakar» sudokus* (Banzai, 2007). És, a més, el creador del MÈTODE KIMMON® (<www.kimmon.es>) de grafotransformació per desenvolupar la intel·ligència emocional i construir-se una psicologia de vida plena en tan sols nou mesos. Ha ideat també el «Quadre de comandament emocional (QCE)», la «Plantilla de l'optimisme moderat» i el «Tauler Sakasudoku». Ha dissenyat els seminaris «Grafologia per al benestar i l'èxit», al qual ja han assitit milers de persones, que s'han beneficiat tant del seminari com dels llibres de text *Buenos días y buena letra* i *Bona nit i bona sort. Com atreure la fortuna mentre dorms.* Imparteix cursos i seminaris per tot Espanya i d'arreu és cridat per pronunciar la conferència *Bona lletra i bona vida*, en la qual explica els secrets del benestar, l'èxit i la felicitat.

Per encàrrec de l'Escola Universitària de Negocis de Caixa Terrassa (EUNCET), on va ser responsable de l'Àrea d'Economia i professor de diverses matèries, Joaquim Valls va idear els seminaris «Gestió de centres educatius» per a alts responsables d'institucions d'ensenyament reglat tant públics com privats i el seminari «Tècniques d'aprenentatge», adreçat als alumnes que es matriculen per primer cop en les carreres que imparteix aquesta universitat privada adscrita a la Universitat Politècnica de Catalunya (UPC).

Juntament amb Sílvia Velando ha creat «Escola de vida: viu els llibres», que és una assignatura de la carrera Ciències, Tecnologia i Societat de la Universitat de la Gent Gran de la UPC de Terrassa i d'on ha sorgit el Màster d'Intel·ligència Emocional i Desenvolupament Personal: Self Management.

Amb la inestimable col·laboració de Jorge Galiana, Álex Alegret i Manu Torres, Valls ha estat també el creador del mètode pedagògic de les Llibretes Taronja que s'imparteix amb gran èxit als Centre d'Estudis Empresarials (CEEM) i que suposa un estalvi de temps sense precedents en la impartició i posterior aprenentatge de matèries complexes.

Al llarg de trenta-tres anys, Joaquim Valls ha ensenyat matemàtiques, estadística, econometria i tota mena de disciplines numèriques a quasi 40.000 alumnes universitaris, i ha fet més de 100.000 hores de classe, gràcies al mètode pedagògic que ell anomena de l'«hemisferi dret», i que es basa en el color, un ritme peculiar d'estudi, i la reiteració d'exercicis.

Va ser soci fundador de l'Escola Superior Empresarial de Relacions Públiques (ESERP), del Centre Superior d'Estudis d'Empresa (ESTUDEM) i del Centre d'Estudis de Selectivitat (ESTUSEL). I actualment és president de l'Institut KIMMON, director acadèmic de CEEM i de FormGroup, i professor a nivell universitari de vint-i-dues matèries diferents. Col·labora o ha col·laborat amb institucions universitàries privades com La Salle, Escola d'Administració d'Empreses (EAE), Salesians de Sarrià i EUNCET.

Col·labora amb diversos mitjans de comunicació com ara revistes de divulgació (*Psicología Práctica, Psycologies, Marie Claire* i *Ddones*). A més, ha estat crític literari per a diaris (*Avui, Diari de Barcelona, Diari de Lleida* i *Segre*), i ha dirigit i copresentat l'espai radiofònic *Lletres de Canvi,* juntament amb Umberto Salern, i l'espai de RAC 1 *Bona lletra i bona vida,* amb Marta Cailà.

Però, com li agrada deixar clar a l'autor, tot això és irrellevant perquè l'única cosa que val la pena, l'única cosa que de debò és important, és que s'ha casat amb una dona meravellosa, la Carme, i que junts han tingut una filla, la Marta, que els omple de felicitat, i que fa que valgui la pena llevar-se cada matí per començar un nou dia.

Si voleu més informació podeu visitar la pàgina web de l'autor

www.quimvalls.com

VII. Agraïments

La gratitud no tan sols és la més gran de les virtuts,
sinó que engendra totes les altres.
CICERÓ

En contra del que m'aconsellava la meva agent literària, la sempre assenyada, sagaç i mai no prou ben ponderada, Lídia Bayona, havia decidit que *Bona nit i bona sort* no tindria un apartat d'agraïments. Se m'havia ficat la ceba al cap que el llibre que tens entre les mans havia de tenir set apartats, i si hi posava agraïments en tindria vuit...

Tanmateix, quan el llibre ja tenia data de publicació i la productora Aibana es trobava enllestint la seva edició, per casualitat vaig engrapar d'una prestatgeria de la biblioteca de casa meva una obra de la qual ja havia sentit a parlar feia temps i que tot just m'havia comprat quatre o cinc dies abans juntament amb altres títols que anava llegint progressivament. Es tractava d'*Outliers* de Malcolm Gladwell, un estudi que intenta donar resposta a una vella qüestió que m'enquimerava des que vaig decidir ser pare: per què algunes persones tenen èxit i altres no?

Tot just era a l'inici de la lectura quan, de sobte, un paràgraf em va colpir: «A *Outliers*», afirma Gladwell, «pretenc convèncer el lector que les explicacions personals de l'èxit no funcionen. La gent no puja del no-res. Sí, devem alguna cosa a la família i al patrocini».

* * *

Estic en deute, doncs, amb moles persones, i en primer lloc, amb **els meus pares** que en un moment crucial de la meva vida van prendre una decisió que ha esdevingut molt rellevant en la meva biografia.

Jo sóc vuitmesó. Vaig néixer l'onze de desembre de 1959, quan en realitat hauria hagut de fer-ho la primera setmana de gener, de manera que els meus pares van decidir que anés a l'escola amb els nens i les nenes vinguts al món durant l'any 1960, que és amb qui de fet hauria hagut d'anar si el part s'hagués esdevingut quan tocava. Això va significar per a mi ser, tot i que per alçada no ho semblava (sempre vaig ser dels més baixets de la classe), intel·lectualment un dels més desenvolupats del grup, la qual cosa em va forjar una notable autoestima en temes d'aprenentatge, que m'ha acompanyat tota la vida.

Per tant, el meu agraïment als meus pares, per aquella primera decisió i per tantes altres, totes encertades: pel seu esforç, per la seva intel·ligència de vida i per la seva estima incondicional. Sense la seva educació, sense els valors i els hàbits positius que em van transmetre, res del que he fet no hauria estat possible i el meu termòstat de felicitat, que ha estat molt elevat, hauria esdevingut força més baix.

El meu agraïment més sincer per als meus editors de Viena, **Isabel Monsó i Enric Viladot**, i a tot l'extraordinari equip humà d'Aibana i de Gráficas Rey, amb l'entranyable Antonio Rey al capdavant, que han fet mans i mànigues per avançar la publicació de *Bona nit i bona sort* tot el que els ha estat possible per satisfer una demanda personal meva. L'any 2010 van apostar per mi, un autor novell quasi desconegut, i un any després ho han tornat a fer: Isabel, Enric, mai no oblidaré aquest gest tan generós.

Les més sinceres gràcies a la meva agent literària, **Lídia Bayona**, i al meu soci, col·laborador i amic, **Manel Ramírez** ells van ser els primers lectors del manuscrit i van saber ferne una crítica alhora afectuosa i rigorosa que m'ha comminat a millorar moltíssim el text final: Lídia, Manu, desitjo de tot cor que la vostra carrera professional transcorri paral·lela a la meva, i que, plegats, continuem fent un equip cohesionat i seguim realitzant jornades de treball on, sobretot, ens divertim i on no passin ni cinc minuts sense que alguna ocurrència ens faci petar de riure.

Tota la gratitud del món per a la meva responsable de premsa, **Sílvia Velando**, companya, a més a més, en l'engrescador projecte *Escola de vida: viu els llibres*. La Sílvia és una persona generosa i eficient, una mena d'àngel de la guarda: Sílvia, no és pas el primer cop que t'ho dic, fas que els qui som al teu voltant millorem a nivell professional i personal, fas que els projectes en què t'involucres creixin i s'implementin amb èxit, i que tot allò que toques transcendeixi.

Mai de la vida podré agrair prou la confiança atorgada per **Marta Cailà**, que després d'una única entrevista amb motiu de la publicació de llibre *Buenos días y buena letra* em va adoptar com a col·laborador del seu programa de ràdio *Via*

Lliure a RAC 1, en l'espai que varem anomenar «Bona lletra i bona vida» i que ha derivat en un llibre que la Marta i jo estem escrivint a quatre mans. I una fortíssima abraçada a tot el seu equip, la **Cristina Gaggioli**, amb qui hem intercanviat un fotimer de correus electrònics, en Víctor, l'altra Marta...: amics del *Via Lliure*, gràcies per deixar-me formar part de la vostra família radiofònica durant una temporada fantàstica. He après molt de vosaltres, i m'heu fet sentir tal com feu amb tots els col·laboradors, és a dir, com a casa. Per això teniu l'audiència tan fidel que teniu, i per això quan acabo cadascuna de les meves conferències se m'apropen moltes persones que us escolten i que em demanen que us transmeti la seva admiració i la seva estima.

Tampoc mai no podré agrair prou a **Eva Franquès** que m'obrís les portes per col·laborar amb Àmbit Cultural d'El Corte Inglés tot convidant-me a impartir el microtaller «Transforma la teva lletra i millora la teva vida» a la sala del Portal de l'Àngel, i a **David Rodríguez** i a **Mònica Budesca**, que han fet el mateix amb les sales que aquests grans i emblemàtics magatzems tenen a Sabadell i Tarragona, respectivament: Eva, David, Mònica, sou tres excel·lents professionals que dignifiqueu amb el vostre saber fer, i la vostra enorme simpatia el nom de l'empresa que representeu. Gràcies també a **Xavier Sistach** per permetre'm signar exemplars de *Buenos días y buena letra* el dia de Sant Jordi de 2011 de nou a l'incomparable marc d'El Corte Inglés de Barcelona.

Estic molt agraït a tots els grans periodistes que es van fer ressò de la publicació de *Buenos días y buena letra*: **Miquel Àngel Violant**, de Ràdio Estel, que dirigeix i presenta el programa *Les bones obres* i que m'ha permès col·laborar-hi força vegades, a més de convidar-me a unes jornades sobre felicitat que va organitzar a l'Escola d'Administració d'Empreses (EAE); a **Sílvia Cóppulo**, presentadora del programa *El Secret*, i a **Gaspar Hernàndez**, de *L'ofici de viure*, a Catalunya Ràdio; a **Elisenda Camps** i **Sebatià d'Arbó**, que em van entrevistar, respectivament, als programes *Tot és possible* i *Misteris* a RAC1; a **Jordi Duran**, d'*El dia a la Com* (COMRàdio); a **Toni Marín**, de *4 Bandes* (Ràdio 4); a **Isabel Gemio**, que em va concedir uns minuts al programa *Te doy mi palabra*, d'Onda Cero; a **Aura Costa**, del programa *A bona hora* de Ràdio Sabadell; a **Belén Aimonacid**, de *La salud al día* (Onda Madrid); a **Daniel Sarri** del programa *Entre día* (Intereconomía), a **Noemí Rodríguez**, de Ràdio Valira (Andorra); a **Teresa Yusta**, d'*Hágase la luz* a Radio Euskadi; a **Gema Matanzas**, de Radio Santoña (Cantàbria).

Tota la meva gratitud per al programa *Para todos la dos* de TVE, on m'han entrevistat i he participat en debats amb **Montse Tejera** i **Juanjo Pardo**; a **Emma Quadrada**, presentadora de *Connexió Barcelona* a BTV, al programa *Estació Central* de TV Hospitalet; a **Pedro Riba**, al programa *Tierra de sueños* (25 TV).

També vull fer una especial menció a la gran periodista i escriptora **Sílvia Gelices**, autora d'una excel·lent novel·la de títol magnífic *Cada mañana es Abril*, que em va fer una entrevista fantàstica al *Diari de Terrassa*; i al sagaç periodista **Víctor Colomer**, del *Diari de Sabadell*, que va saber copsar amb intel·ligència els trets essencials de *Buenos días y buena letra*. I també **Jordi Balcells**, que, a més de fer-me una ressenya impagable a l'esmentat *Diari de Terrassa*, va ser, com explico al principi del llibre, l'instigador inconscient juntament amb el gran amic, extraordinari entrenador de futbol i millor persona, **Paco Flores**, d'aquest manual d'instruccions de la bona sort.

I com sempre, la meva gratitud infinita a la meva dona **Carme** i a la meva filla **Marta**. Carme, Marta, què us puc dir, que no us hagi dit ja?: sou la raó de tot plegat i el millor que m'ha passat a la vida; un fort petó i una forta abraçada, plena de sentiment, d'agraïment i d'afecte per a les dues.

* * *

I, finalment, una confessió: atès que, com ja he dit, no he estat gens afortunat en el joc, faré trampes per guanyar, si més no, en el meu propi solitari, i incloc en l'apartat d'agraïments l'enorme gratitud que sento pels autors i les autores dels títols que apareixen a continuació i que m'han ajudat tantíssim al llarg de la meva vida. D'aquesta manera, la bibliografia, convertida en agraïment, no compta com un capítol més del llibre, sinó tan sols com un apartat més dels agraïments i així aconsegueixo que *Bona nit i bona sort* tingui els 7 apartats projectats inicialment sense haver de renunciar a fer efectiu el deute impagable que mantinc amb tots el qui m'han ajudat i també, és clar, amb els llibres perquè ...

Tot és als llibres.
Què et preocupa? Liderar millor? 124.256 llibres.
Millorar les habilitats? 345.679 llibres.
El treball en equip? 342.145 llibres.
Tot és als llibres.
VÍCTOR KÜPPERS

AJRAM, Josef: *¿Dónde está el límite?*, Plataforma Editorial, Barcelona, 2010.
ALONSO PUIG, Dr. Mario: *Madera de líder*, Empresa Activa, Barcelona, 2004.
—*Vivir es un asunto urgente*, Aguilar, Madrid, 2008.
—*Reinventarse*, Plataforma Editorial, Barcelona, 2010.
ÁLVAREZ DE MOS, Santiago: *Con ganas, ganas*, Plataforma Editorial, Barcelona, 2010.
BLAKEMORE, Dra. Sarah-Jayne i FRITH, Dra. Uta: *Cómo aprende el cerebro*, Ariel, Barcelona, 2007.
BUJANA, Fady: *Licencia para vivir*, RBA, Barcelona, 2009.
BULAT, Sergio: *Más de lo mismo*, Cahoba, Barcelona, 2005
BURNS, David D: *Sentirse bien*, Paidós, Barcelona, 1990.
—*Adiós ansiedad*, Paidós, Barcelona, 2006.
CARDONA LABARGA, José M.ª i CARDONA PATAU, Santiago: *Del miedo a la confianza*, Díaz de Santos, Madrid, 2002.
CARNEGIE, Dale (1936): *Com guanyar amics i influir sobre les persones*, Edhasa, Barcelona, 1996.
CARRA H. Z.: *Cómo atraer la buena suerte*, Obelisco, Barcelona, 1993.
CHOPRA, Deepak: *Sincrodestino*, Punto de Lectura, Madrid, 2008.
CONANGLA, M. M. i SOLER, J.: *El arte de transformar positivamente las emociones*, Amat, Barcelona, 2003.
COYLE, Dan: *Las claves del talento*, Zenith/Planeta, Barcelona, 2009.
COVEY, Stephen R: *Los 7 hábitos de la gente altamente efectiva*, Paidós, Barcelona, 1990.
—*El 8.º hábito*, Paidós, Barcelona, 2005.
CSIKSZTMALYI, Mihaly: *Fluir: una psicología de la felicidad*, Kairós, Barcelona, 1990.

DAMASIO, Antonio: *El error de Descartes*, Crítica, Barcelona, 1999.
—*En busca de Spinoza*, Crítica, Barcelona, 2005.
—*I el cervell va crear l'home*, Destino, Barcelona, 2010.
DOIDGE, Norman: *El cerebro se cambia a sí mismo*, Aguilar, Madrid, 2008.
ELLIS, Albert: *Manual de terapia racional-emotiva*, Desclée de Brouwer, Bilbao, 1983.
EMMONS, Dr. Robert A: *Gracias. De cómo la gratitud puede hacerte feliz*, Ediciones B, Barcelona, 2008.
FECTEAU, Danielle: *L'effet placebo: le pouvoir de guérir*, Les éditions de l'Homme, Montreal, 2005.
FIGUERAS, Dr. Albert: *Optimizar la vida*, Alienta, Barcelona, 2006.
—*Pequeñas grandes cosas*, Plataforma Editorial, Barcelona, 2007.
FITZGERALD, Randall: *Crea tu propia buena suerte*, Oniro, Barcelona, 2004.
GOLEMAN, Daniel: *La inteligencia emocional*, Kairós, Barcelona, 1996.
GUIX, Xavier: *Si no lo creo no lo veo*, Granica, Barcelona, 2005.
—*El sentit de la vida o la vida sentida*, Granica, Barcelona, 2008.
—*T'estimo tant*, Pòrtic, Barcelona, 2011.
HALL, Kevin: *El poder de las palabras*, Urano, Barcelona, 2010.
HERRERA, Hernán i BROWN, Daniel: *Re-invéntate*, Empresa Activa, Barcelona, 2006.
HILL, Napoleón (1928): *Las leyes del éxito*, Obelisco, Barcelona, 2006.
—*La actitud mental positiva*, Debolsillo, Barcelona, 2003.

—*Piense y hágase rico,* Debolsillo, Barcelona, 2009.
HOGARTH, Robin M.: *Educar la intuición: el desarrollo del sexto sentido,* Paidós, Barcelona, 2001.
JAFFE, Azriela: *Crea tu propia suerte,* Amat, Barcelona, 2000.
JEFFERS, Susan: *Aunque tenga miedo, hágalo igual,* Robinbook, Teià, 1986.
JERICÓ, Pilar: *No miedo en la empresa y en la vida,* Alienta, Barcelona, 2006.
—*Héroes cotidianos,* Planeta, Barcelona, 2010.
KASH, Meter M.: *Crea tu propia suerte,* Pirámide, Madrid, 2009.
KATZ, Lawrence C.: *Mente despierta,* RBA, Barcelona, 2004.
KÜPPERS, Victor: *El efecto Actitud,* Viena Edicions, Barcelona, 2009.
LEDOUX, Joseph: *El cerebro emocional,* Planeta, Barcelona, 1999.
LIEYRY, Alain: *¿A qué juega el cerebro?,* Ediciones Robinbook, Teià, 2008.
LIPTON, Dr. Bruce H.: *La biología de la creencia,* Palmyra, Madrid, 2007.
LIUBOMIRSKY, Sonja: *La ciencia de la felicidad,* Urano, Barcelona, 2008.
LÓPEZ ROMERO, Josep: *El valor del samurai,* Columna, Barcelona, 2008.
LORENTE, Joaquín: *Pensa és gratis,* Columna, Barcelona, 2009.
MAGANTO, Dra. Carmen, MAGANTO, Juana María i ETXEBARRÍA, Juan: *Cómo potenciar las emociones positivas y afrontar las negativas,* Pirámide, Madrid, 2010.
MARINA, José Antonio: *Elogio y refutación del ingenio,* Anagrama, Barcelona, 1992.

—*Teoría de la inteligencia creadora*, Anagrama, Barcelona, 1995.
—*Ética para náufragos*, Anagrama, Barcelona, 1996.
—*El misterio de la voluntad perdida*, Anagrama, Barcelona, 1997.
—*El vuelo de la inteligencia*, Debolsillo, Barcelona, 2000.
—*Memorias de un investigador privado*, La Esfera de los Libros, Madrid, 2003.
—*La inteligencia fracasada: teoría y práctica de la estupidez*, Anagrama, Barcelona, 2004.
—*Aprender a vivir*, Ariel, Barcelona, 2004.
—*Aprender a convivir*, Ariel, Barcelona, 2006.
—*Anatomía del miedo. Un tratado sobre la valentía*, Anagrama, Barcelona, 2006.
—*Cómo lograr una vida Plena*, Psicología Práctica, Barcelona, 2008.
—*La educación del talento*, Ariel, Barcelona, 2010.
—*Culturas fracasadas*, Anagrama, Barcelona, 2010
MARTÍN, Andrés: *Con rumbo propio*, Plataforma Editorial, Barcelona, 2008.
MURPHY, Joseph: *El poder de la mente subconsciente*, Obelisco, Barcelona, 2003.
O'KELLY, Eugene: *Momentos perfectos*, Alienta, Barcelona, 2006.
PINKER, Steven: *Cómo funciona la mente*, Destino, Barcelona, 2001.
PUNSET, Eduard: *El alma está en el cerebro*, Destino, Barcelona, 2006.
—*Viaje al amor*, Destino, Barcelona, 2007.
—*Viaje a la felicidad*, Destino, Barcelona, 2007.
—*Por qué somos como somos*, Aguilar, Madrid, 2009.
—*Viaje al poder de la mente*, Destino, Barcelona, 2010.

RATEY, John J.: *El cerebro. Manual de instrucciones*, Mondadori, Barcelona, 2002.
ROVIRA, Àlex: *La brúixola interior*, Empresa Activa, Barcelona, 2003.
—*La bona sort*, Empresa Activa, Barcelona, 2004.
—*Els set poders*, Empresa Activa, Barcelona, 2006
—*Paraules que curen*, Plataforma Editorial, Barcelona, 2008.
—*La bona vida*, Ara llibres, Barcelona, 2008.
ROVIRA, Àlex i TRÍAS DE BES, Fernando: *La bona sort*, Empresa Activa, Barcelona, 2004.
RUSSELL, Bertrand (1930): *La conquista de la felicidad*, Debolsillo, Barcelona, 2003.
SELIGMAN, Martin: *Aprenda optimismo*, Debolsillo, Barcelona, 1990.
—*Niños optimistas*, Debolsillo, Barcelona, 1995.
—*La auténtica felicidad*, Vergara, Barcelona, 2002.
SHARMA, Robin S.: *El monje que vendió su Ferrari*, Debolsillo, Barcelona, 1998.
SHIMOFF, Marci: *Feliz porque sí*, Urano, Barcelona, 2008
STONEWALL, Cecil: *El efecto suerte*, Robinbook, Teià, 2004.
SUN TZU (500 aC): *El arte de la guerra*, La Esfera de los Libros, Madrid, 2006.
SUVIRANA, Míriam: *Creatividad para reinventar tu vida*, RBA, Barcelona, 2009.
TANG, John Edward: *Atrae la suerte*, Hojas de Luz, Málaga, 2006
TRÍAS DE BES, Fernando: *El libro negro del emprendedor*, Empresa Activa, Barcelona, 2007.
VALLS, Joaquim: *Sakasudoku: el método más fácil de «sacar» sudokus*, Banzai, Barcelona, 2007.
—*Buenos días y buena letra*, Viena Edicions, Barcelona, 2010.

VINCENT, Jean-Didier: *Viaje extraordinario al centro del cerebro*, Anagrama, Barcelona, 2009.

VOPEL, Klaus W.: *Praxis de la psicología positiva*, CSS, Madrid, 2003.

WARREN, Arnie: *Los tres pasos*, Empresa Activa, Barcelona, 2002.

WILFART, Serge: *Encuentra tu propia voz*, Urano, Barcelona, 1999.

WISEMAN, Dr. Richard: *Nadie nace con suerte*, Temas de Hoy, Madrid, 2003.

—*59 segundos: piensa un poco para cambiar mucho*, Integral, Barcelona, 2010

Aquesta primera edició de
BONA NIT I BONA SORT,
de Joaquim Valls,
es va acabar d'imprimir
als tallers de Gráficas Rey
la primavera de l'any 2011.